Liebe *einfach* ...

Renate Götz Verlag

Harville Hendrix, Ph.D.
Helen LaKelly Hunt, Ph.D.

Liebe *einfach* ...

... und eure Partnerschaft blüht auf

Übersetzung aus dem Amerikanischen von
Margit Schröer

Renate Götz Verlag

First published in the United States by Harmony Books,
an imprint of the Crown Publishing Group,
a division of Random House, Inc., New York
Titel des amerikanischen Originals: Making Marriage Simple

Umschlagabbildungen Harville Hendrix und Helen LaKelly Hunt
© by Andy Peterson

Übersetzung aus dem Amerikanischen von Margit Schröer
Alle Rechte an der Übertragung ins Deutsche bei
Renate Götz Verlag, A-2731 Dörfles

Deutsche Erstausgabe, November 2013
Copyright © by Renate Götz Verlag
A-2731 Dörfles, Römerweg 6
e-mail: info@rgverlag.com
www.rgverlag.com

Layout, Cover- und Gesamtgestaltung © Coverbild „Sonnenauge" by
outLINE|grafik Eva Denk, A-2340 Mödling . www.outlinegrafik.at

Produktion: Druckerei Paul Gerin, Wolkersdorf . www.gerin.co.at
Printed in Austria

ISBN 978-3-902625-41-0

Wir widmen dieses Buch fünf ganz besonderen Paaren

Ray und Nancy
Scott und Teresa
Kanya und James
Eric und Jennifer
Dan und Caroline

Inhalt

Danksagungen

Kein Buch entsteht ohne Inspiration von außen – für ein Buch über Partnerschaft gilt das in besonderer Weise. Viele großartige Menschen halfen uns, die Konzepte dieses Buches einerseits zu vereinfachen, andererseits spannend zu formulieren. Unser besonderer Dank geht daher an Elizabeth Perrachione, die wir bereits seit mehr als 25 Jahren kennen (und nie hätten wir uns vorstellen können, eines Tages gemeinsam an einem Buch wie diesem zu arbeiten). Sie unterstützte uns nicht nur inhaltlich, sondern entwarf auch die Illustrationen, die wir für äußerst passend halten. Wenige Menschen sind so begabt wie du. Danke, Elizabeth!

Große Wertschätzung wollen wir unserem Verleger aussprechen – und speziell auch unserer Herausgeberin, Sydny Miner, für ihre umsichtige Unterstützung der Vision dieses Buches. Noch bevor das Manuskript fertig war, hatten sich bereits viele Menschen eingebracht und das Buch durch ihre neutralen Vorschläge bereichert. Sanam Hoon und Joan Denniston achteten auf die Details – aus ihren Vorschlägen war ersichtlich, wie gut sie sich in die künftigen Leser dieses Buches hineinversetzten. So wie jene, die während eines Marathons am Rand der Laufstrecke stehen und den Läufern frisches Wasser reichen, lasen Bernadette Gallegos und Rachel Meltzer zahlreiche Entwürfe für dieses Buches und gaben uns weises Feedback. Bob Kamms und Jill Fein Bakers hilfreiche Anregungen waren wie ein Geschenk des Himmels, das genau zur rechten Zeit kam. Auch unserem Agenten, Doug Abrams, möchten wir herzlich danken – er teilt unser begeistertes Engagement für gesunde Partnerschaften. Deshalb vermochte er unsere Vision in ihrer Weite und Tiefe zu verstehen. Seine Beiträge im Endspurt der Fertigstellung dieses Buches waren außerordentlich wertvoll. Wir hatten großes Glück, so unglaubliche Menschen zu kennen, die unsere Vision mit solcher Leidenschaft und derart großem Einsatz unterstützten.

Große Wertschätzung möchten wir dem globalen Netzwerk von Imago-TherapeutInnen aussprechen – wir sind schon seit langem tief beeindruckt von ihrem Engagement für Paare überall auf der Welt. Und last but not least möchten wir jedem einzelnen Paar unsere tief empfundene Dankbarkeit bekunden, das ehrlich genug ist zuzugeben, dass seine Partnerschaft besser sein könnte. Sie sind Menschen, die sich freiwillig entscheiden, alles zu tun, um die Partnerschaft Ihrer Träume zu verwirklichen. Jedem und jeder einzelnen von Ihnen sei dieses Buch gewidmet!

Anmerkung der Übersetzerin

Das Wort *Partner* zählt zu den am häufigsten verwendeten Ausdrücken dieses Buches.

Im Sinne einer guten Lesbarkeit haben wir die Formulierung *„der Partner“* gewählt, selbstverständlich bezieht sich das auf beide Geschlechter. Es liegt uns besonders am Herzen zu betonen, dass wir dabei stets weibliche wie männliche Partner gleichermaßen im Blick hatten.

Bei den Übungsanleitungen, die Sie als Frauen und Männer, als Partnerin und Partner in besonderer Weise motivieren möchten, an positiven Veränderungen für Ihre Partnerschaft zu arbeiten, entschieden wir uns bewusst für beide Formen, die männliche wie auch die weibliche. Es liegt uns am Herzen, jeden Leser und jede Leserin hier persönlich anzusprechen!

Der Originaltitel dieses Buches lautet *Making Marriage Simple*, also in etwa „Wie Ehe einfach gelingt“. Im Arbeitsteam waren wir uns jedoch sofort einig, aufgrund zahlreicher kultureller und sozialer Unterschiede zwischen den USA und Europa für den deutschen Sprachraum das Wort „verbindliche Partnerschaft“ zu wählen.

Verbindliche Partnerschaft ist eine auf Dauer ausgerichtete, intime Liebesbeziehung, in der tiefe Heilung im psychologischen Sinn möglich ist, weil die Partner grundsätzlich bereit sind, Probleme und Krisen gemeinsam zu bewältigen, anstatt die Partnerschaft zu beenden.

Der Begriff „verbindliche Partnerschaft“ inkludiert selbstverständlich auch vor dem Staat und/oder einer Religionsgemeinschaft geschlossene Ehen, soll aber wesentlich weiter gefasst sein.

Einleitung

Wir gratulieren Ihnen – Sie haben eine große Vision!

Sie haben dieses Buch gekauft, weil Sie Ihre Partnerschaft zum Guten verändern möchten. Und Sie können sicher sein, dass es Ihnen eine unglaublich wertvolle Unterstützung sein wird! Dieses Buch ist wie ein Destillat der essenziellsten Gedanken aus unserem ersten Buch *So viel Liebe wie Du brauchst – Der Wegbegleiter in eine erfüllte Beziehung.* Zusätzlich finden Sie auch all jene „Beziehungsweisheiten", die uns das Leben seit unserem Erstlingswerk schenkte. Was wir selbst lernen durften, möchten wir Ihnen in klaren, prägnanten Kapiteln nahebringen. Die Erkenntnisse und Entwicklungsschritte, die wir im vorliegenden Buch beschreiben, können auch Sie darin unterstützen, von Konflikten zu tiefer Verbundenheit zu finden – und wahre, tiefe und dauerhafte Liebe kennenzulernen.

Aber mehr noch, beim Lesen der folgenden Seiten und Kapitel werden Sie erleben, wie sich **eine neue Art von Partnerschaft und Ehe** verwirklichen lässt. Sie sind eingeladen, zu einer Entwicklung beizutragen, die wir „Revolution der Partnerschaft" nennen. Ein kurzer Streifzug durch die Geschichte der Ehe soll erklären, wie wir das meinen.

Partnerschaft und Ehe im Wandel der Zeit

Liebe gibt es, seit es Menschen gibt. Die Institution Ehe ist jedoch weitaus jünger. Und dass Ehe etwas mit Liebe zu tun hat, ist noch gar nicht lange der Fall. Um Ihnen einen kurzen Einblick in die Geschichte der Institution Ehe zu geben, möchten wir deren komplexe Entwicklung in drei unterschiedliche Abschnitte gliedern:

1. In der prähistorischen Zeit bildeten unsere Vorfahren Zweckgemeinschaften (was im Prinzip bedeutete: Zusammenleben, um Nahrung und Behausung miteinander zu teilen). Paarweise zu leben verringerte die Gefahr, von einem Säbelzahntiger überwältigt zu werden oder zu verhungern, wenn die Nahrung knapp war. Ein gutes Funktionieren des Zusammenlebens und der Fortpflanzung war ausschlaggebend für das Überleben von umherziehenden Familienverbänden.
2. Vor ungefähr 11.000 Jahren wurden die Jäger und Sammler langsam sesshaft und begannen als Bauern die Landschaft zu bewirtschaften. Der Begriff des Eigentums entwickelte sich. Zuerst besaß man Land, aber später besaß man leider auch Frauen, Kinder und Sklaven. Ehe war eine Abmachung, um das abzusichern, was man besaß, in der Hoffnung, durch eine bessere gesellschaftliche Stellung noch mehr Besitz zu erlangen. Deshalb wurden Ehen oft arrangiert (und zwar meist durch die Eltern – für manche eine schreckliche Vorstellung). Liebe spielte in diesem System noch kaum eine Rolle.

3. Im 18. Jahrhundert wurde die Liebesheirat geboren. Der Ehepartner wurde nicht mehr zwingend von den moralischen Vorstellungen der patriarchalischen Gesellschaft bestimmt, sondern manche Menschen konnten bereits frei wählen. Sie brachten bislang unbekannte Bedürfnisse in die Ehe mit. Es gab jedoch keine Benutzerhandbücher für Eheleute und auch keine Selbsthilfegruppen. (Ehe)-Partner tappten im Dunkeln bei dem Versuch, ihre Bedürfnisse zu erkennen und dem Partner nahezubringen. Sie schlitterten in bedrohliche Konflikte. Bis zum Jahr 1970 war die Scheidungsrate in den USA auf ungefähr 50 Prozent angestiegen und ist seither fast unverändert hoch.

Zur Liebesehe bekam man, wie schon gesagt, kein Benutzerhandbuch mitgeliefert, dafür aber ein Relikt aus der Zeit der arrangierten Ehen: das Ungleichgewicht der Geschlechter. So kam es zum Fortbestehen jener unausgeglichenen Machtverhältnisse, die typisch für das althergebrachte Ehemodell waren. Wir wollen es das Ehemodell von Dominanz und Unterwerfung nennen. Je mehr Chancen sich jedoch für Frauen öffneten, desto mehr wurde „Unterwerfung" in Frage gestellt – und zum Auslaufmodell. Beide Partner wollten dominieren und beide vertraten die Ansicht: „Du und ich sind eins – und der eine, die eine *bin ich!*"

Nun folgte das **Modell der partnerschaftlichen Ehe**, für dessen Verwirklichung wir in den letzten Jahrzehnten vielen Paaren den Rücken zu stärken versuchten. Bei der partnerschaftlichen Ehe sind beide Partner frei und gleichwertig. Sie fördern bewusst das psychische und geistige Wachstum des jeweils anderen Partners. Dadurch können sie die höchste Form der Nähe und Vereinigung erfahren, die zwischen menschlichen Wesen möglich ist.

Aufgrund unserer jahrzehntelangen Erfahrungen als Ehe- und FamilientherapeutInnen wissen wir zweifellos, welch große Herausforderung die Verwirklichung einer partnerschaftlichen Ehe darstellt. Wir sind nun schon mehr als 30 Jahre miteinander verheiratet und mussten uns selbst riesigen Herausforderungen stellen.

Vor ungefähr zehn Jahren öffnete uns ein unerwarteter und beängstigender Absturz die Augen. Obwohl wir offiziell Experten für Ehe und Partnerschaft waren, erlebten wir plötzlich selbst das Gefühl, unsere Ehe sei ein einziger Scherbenhaufen. Wir hatten das Konzept der Imago-Therapie begründet. Wir hatten Tausenden von Paaren in vielen Ländern der Erde geholfen, Heilung für ihre Partnerschaft zu finden. Aber selbst wendeten wir nicht an, was wir predigten. Daheim verhielten wir uns ganz anders, als wir es in der Öffentlichkeit vermittelten. Wir stritten oft Tag und Nacht miteinander. Oh Gott, fühlten wir uns scheinheilig ...

So entschieden wir uns dafür, all die Übungen und Methoden, die wir für andere Menschen entwickelt hatten, nun auch selbst anzuwenden. Oft schon hatten wir miterlebt, wie andere Menschen magische Veränderungen erleben durften – und nun wurde dieses Geschenk auch uns zuteil. Wir konnten unsere anfängliche Nähe wieder erreichen, aber auf einer tieferen und ganzheitlicheren Ebene. Unsere Ehe entwickelte sich endlich zur Partnerschaft unserer Träume.

Wir glauben daran, dass in jedem Menschen die Fähigkeit liegt, diese Art von Partnerschaft zu verwirklichen. Das vorliegende Buch wird Ihnen dabei helfen. **Sie stehen an der Schwelle zum nächsten Evolutionsschritt in Partnerschaft und Ehe – ein Schritt, der unglaubliche Möglichkeiten für uns als Einzelpersonen aber auch für die Gesundung unserer Welt öffnet.** Erst jetzt, an dieser Stelle der Geschichte der Menschheit, kann partnerschaftliche Ehe tatsächlich verwirklicht werden. Wir sind überzeugt davon, dass auch Sie die Ehe oder Partnerschaft Ihrer Träume verwirklichen können, wenn Sie die Gedanken und Methoden umsetzen, die wir in diesem Buch vorstellen. Dabei können Sie sich mit Tausenden anderen Paaren verbunden wissen, die an einer Revolution von Ehe und Partnerschaft mitwirken.

Helen LaKelly Hunt und Harville Hendrix

Wie Sie am besten mit diesem Buch arbeiten

Harville und Helen

Jedes Kapitel in diesem Buch enthält eine wesentliche Einsicht bzw. Erkenntnis über Partnerschaft, die wir während der Jahrzehnte unserer Arbeit mit Paaren gewinnen konnten. Jedes Kapitel endet mit einer einfachen Übung, die Ihnen helfen wird, die gelernte Theorie in die Praxis umzusetzen. Und am Ende dieses Buches finden Sie alle Übungen noch einmal zu einem übersichtlichen Übungsprogramm zusammengefasst.

Ihre Partnerschaft zu verwandeln erfordert echten Einsatz auf Ihrer Seite. Manchmal werden Sie rasche Veränderungen erleben, manchmal werden Sie den Eindruck haben, dass gar nichts vorwärts geht. *Das Allerwichtigste ist aber, „dranzubleiben".* Als unsere Partnerschaft in ernsten Schwierigkeiten steckte, verbrachten wir jeden Tag eine bestimmte Zeit damit, die Übungen, die Sie in diesem Buch finden, durchzugehen. Wenn Sie Erfolg haben möchten, ist es wichtig, einen Weg zu finden, wie Sie als Paar täglich üben und weiterkommen können.

Wenn Sie nun die Augen verdrehen, anstatt begeistert zu lächeln, so können wir dies voll und ganz verstehen. Es braucht schließlich viel Zeit und Energie, um den perfekten Partner zu finden. Viele, wenn nicht die meisten von uns, sind der Ansicht, dass alle Mühe vorbei ist, sobald man während der Hochzeitszeremonie das entscheidende „Ja" geflüstert oder gesagt hat. Der Gedanke, weiterhin Zeit in unsere wichtigste Beziehung zu investieren, kann seltsam und vielleicht auch bedrückend erscheinen – ganz besonders dann, wenn wir unsere Partnerschaft bereits als belastend empfinden.

Als wir damit begannen, Schritte zur Heilung unserer Partnerschaft zu unternehmen, war sie bereits völlig aus der Balance geraten. Wir wussten zwar beide eine Menge über Partnerschaft und Ehe – *aber nur in der Theorie*. Wir wussten damals nicht, wie man diese Theorie für unser Leben anwenden konnte. Wenn wir eine Meinungsverschiedenheit hatten, wollte keiner von uns auch nur im Geringsten nachgeben. In Diskussionen analysierten wir das Verhalten unseres Partners und beschuldigten einander gegenseitig.

Stillstand in einer Partnerschaft, die Heilung benötigt

Unter dem Stichwort „störrischer Esel" hätte man uns beide im Lexikon abbilden können. Oft waren wir so unglaublich wütend aufeinander! Und das Letzte, worauf wir Lust hatten, war, jeden Abend gemeinsam Übungen für unsere Partnerschaft zu absolvieren.

Anders als erwartet waren wir bald sehr positiv überrascht! Es fiel uns bei weitem nicht so schwer, mit den Partnerschaftsübungen zu beginnen, als wir gedacht hatten. Und jeden Abend hatten wir das Gefühl, im Vergleich zum Vorabend einen kleinen Fortschritt für unsere Partnerschaft erreicht zu haben. Und eines schönen Tages erlebten wir so etwas wie einen *richtigen Durchbruch:* Zum ersten Mal seit langer Zeit spürten wir, dass wir das Zusammensein miteinander wieder richtig genießen konnten.

Eine neue Art des Umgangs miteinander zu entwickeln, ist ähnlich wie das Aufbauen und Trainieren stärkerer Muskeln. Es erfordert festen Willen und tägliches Training. Sie können zum Beispiel damit beginnen, dieses Buch zuerst einmal von vorne bis hinten zu lesen. Eine andere Möglichkeit wäre, gleich mit Übung 1 zu beginnen. Sie können die Übungen direkt nach den entsprechenden Kapiteln ausführen oder nach dem Lesen des ganzen Buches das vollständige Übungsprogramm am Ende des Buches machen. Es wäre eine sehr gute Sache, eine Mappe anzulegen, um sich dort Notizen zu Ihrem Partnerschaftstraining zu machen. Sie könnten auch zwei Ausgaben von diesem Buch besorgen (schließlich wäre es kontraproduktiv, wenn Sie Auseinandersetzungen darüber führen, wer wann darin lesen darf!).

Wir möchten Ihnen sehr ans Herz legen, dieses Buch öfter als ein Mal zu lesen – und auch die Übungen öfter zu wiederholen. Sie können entweder neuerlich am Beginn des Buches starten oder jene Kapitel bzw. Übungen auswählen, die Ihnen zu einem bestimmten Zeitpunkt besonders passend für Ihre Partnerschaft erscheinen. Warum legen wir so viel Wert darauf, Sie zu ermuntern, diese Übungen immer wieder neu aufzunehmen? Weil Sie beim Wiederholen jedes Mal etwas Neues erkennen und trainieren werden. Durch diesen Einsatz kann die wahre Liebe in Ihrem Leben aufblühen – und die Partnerschaft Ihrer Träume kann endlich Wirklichkeit werden.

Aber seien Sie unbesorgt, mit einem kräftezehrenden Marathon hat diese Art von Training nichts zu tun. Wenn Sie auch nur zehn oder zwanzig Minuten pro Abend investieren und ein Kapitel dieses Buches lesen oder eine der Übungen absolvieren, summiert sich das zu großen Fortschritten. Sie müssen ein begonnenes Kapitel nicht am selben Abend fertig lesen, Sie können sich über einen Zeitraum von mehreren Tagen damit befassen. Wählen Sie jenes Tempo, das für Sie persönlich am besten passt.

Sie haben Ihre Partnerschaft gemeinsam aufgebaut – und deshalb sind wir der Ansicht, dass die Gedanken und Übungen dieses Buches am besten wirken, wenn Sie sich gemeinsam damit beschäftigen. Seien Sie jedoch nicht enttäuscht, wenn Ihr Partner oder Ihre Partnerin (noch) nicht bereit ist, mitzutun. Auch ein Partner KANN die Dynamik in einer Partnerschaft VERÄNDERN. Sollten Sie sich also für dieses Buch interessieren, Ihr Partner jedoch nicht, so lautet unsere Meinung dazu: „Tun Sie's – es lohnt sich!"

Erkenntnis 1

Romantische Liebe ist ein Trick der Natur

Helen

Obwohl Harville und ich aus unterschiedlichen Lebenswelten stammen, hatten wir, als wir uns ineinander verliebten, *unglaublich viel* gemeinsam: Wir waren beide geschieden, hatten jeweils zwei Kinder, waren beide leidenschaftlich an Psychologie interessiert und wir liebten Grillfeste. Und unsere Vorstellung von einem idealen Urlaub war exakt dieselbe: mit einem geliehenen Wohnmobil samt unserer neuen Patchwork-Familie quer durch die USA zu reisen. Sehen Sie nur, wie gut wir zusammenpassten (zumindest in unserer eigenen Wahrnehmung)!

Ich kann mich an keinen einzigen Punkt erinnern, in dem wir uns nicht einig gewesen wären.

Frisch verliebt zu sein ist einfach unbeschreiblich schön!

Mitten in unserem gewohnten Leben erblicken wir plötzlich unseren *Traumpartner!* Unsere Augen begegnen einander (sogar in einem überfüllten Raum). Unser Herz schlägt schneller. Und das Märchen der romantischen Liebe beginnt. Blumen, kokette Augenaufschläge, gemeinsame Candle-Light-Dinners, Tuscheln und Lachen. Spaziergänge bei Sonnenuntergang und kleine Geschenke der Liebe. Stundenlange Vorfreude auf das nächste Wiedersehen. Ein gemeinsamer Kinofilm oder ein glücklicher Abend, an dem man sich so viel zu sagen hat oder einfach gern miteinander schweigen möchte.

Jeder von uns denkt insgeheim: „Seltsam, ich habe das Gefühl, dich schon ewig zu kennen ..." Und in gewisser Hinsicht stimmt das auch. Denn der neue Mensch in unserem Leben hat starke Ähnlichkeiten mit den ersten und wichtigsten Bezugspersonen in unserer Kindheit.

Nicht jeder erlebt den Prozess des Verliebens derart intensiv. Bei manchen Menschen ist dies ein eher schrittweiser Prozess. Aber irgendwann sind auch sie so weit, dass sie an nichts anderes mehr denken können als an die geliebte Person. Es ist unerträglich, voneinander getrennt zu sein. Man sendet einander unaufhörlich SMS und telefoniert stundenlang, bis man wieder zusammen sein kann. Es scheint, als könne man die Gedanken des anderen lesen. Man kann Sätze zu Ende sprechen, die der Partner beginnt. Man weiß ganz genau, was der andere gerade möchte – und seltsamerweise will man selbst exakt dasselbe!

Diese frühe Phase der romantischen Liebe bringt unsere allerbesten Seiten zum Vorschein. Die Wohnung ist stets schön aufgeräumt. Wir investieren viel mehr Zeit in unsere Körper- und Schönheitspflege als bisher. Niemand von uns würde jemals in Anwesenheit des geliebten Partners rülpsen. Wir wissen nicht recht, wie uns geschieht – aber ganz ohne Zweifel haben wir uns Hals über Kopf VERLIEBT!

Romantische Liebe ist ...

... eine unerklärliche Anziehungskraft zwischen uns und unserem Partner. Wir erleben Momente absoluter Ekstase!

Aber leider hält der Zustand des großen Glücks nicht auf Dauer an.

Von der Ekstase zum Frust

Die romantische Liebe hält lange genug an, um zwei Menschen aneinander zu binden. Danach reitet sie auf einem stolzen Pferd in Richtung Sonnenuntergang davon. Und oft haben wir dann den Eindruck, dass sich die Partnerschaft unserer Träume fast über Nacht in unseren schlimmsten Albtraum verwandelt.

Die romantische Liebe reitet in Richtung Sonnenuntergang davon.

Solange wir uns mitten in der Phase der romantischen Liebe befinden, kann unser Partner einfach nichts falsch machen. Ist diese Phase dann vorbei, kann er einfach nichts richtig machen. Jener Mensch, der einmal mein größter Fan war, wird zu meinem schärfsten Kritiker. Statt einander anzubeten, machen wir einander nun nieder. Wir ertappen uns dabei zu denken: „Ist das noch der Mensch, den ich geheiratet habe? Wir waren doch wie geschaffen füreinander. Wir waren ein Herz und eine Seele." Und mit einem schmerzvollen Stich in die Magengrube fragen wir uns: „Wie kann mein Partner nur so denken, so handeln und solche Dinge sagen? Ich habe mich *getäuscht*, ich habe ihn für einen ganz anderen Menschen gehalten!"

Sehr unsanft erwachen wir aus dem wunderschönen Traum, dass wir füreinander wie geschaffen schienen. Dieses Erwachen kann uns *äußerst* verdrießlich stimmen. Viele Paare entscheiden sich für eine rasche Trennung bzw. Scheidung, damit sie den großen Schmerz und die schlimme Enttäuschung nach der Phase der romantischen Liebe bald hinter sich lassen können. Andere fürchten die Belastungen einer Trennung und bleiben zusammen – leben aber eine Art von Parallelleben, in dem sie kaum mehr miteinander verbunden sind. Sie denken, es wird schon irgendwie weitergehen. Aber insgeheim haben sie das Gefühl, dass irgendetwas total schiefläuft.

Das soll der Partner sein, den ich geheiratet habe?!
Irgendetwas läuft hier total schief.

Wir persönlich sind zutiefst überzeugt, dass hier *gar nichts schiefläuft.*

Die Phase der romantischen Liebe ist einfach nur die erste Phase jeder Partnerschaft. Es ist also *vorgesehen*, dass sie vorübergeht.

Die Phase der romantischen Liebe ist eine starke Kraft, die uns mit einem Menschen verbindet, der dieselben positiven und negativen Eigenschaften besitzt wie unsere Eltern oder andere sehr wichtige frühe Bezugspersonen (dazu zählen neben den Eltern auch ältere Geschwister, Großeltern, Kindermädchen und ähnliche Personen). Als Sie Ihren Partner zum ersten Mal sahen, hatten Sie vielleicht den Eindruck, ihn schon ewig zu kennen, weil er ganz ähnliche gute Eigenschaften besaß wie Ihre Eltern. Da er aber auch ganz ähnliche negative Eigenschaften besitzt, wird es laufend schlimmer mit ihm und Sie fühlen sich nun irritiert und enttäuscht. Das ist der Grund dafür, dass die anfängliche Ekstase durch Frust oder Langeweile abgelöst wird – und dass Partnerschaft oft hart und schmerzvoll werden kann.

Natürlich stimmt uns der Gedanke, dass unser Partner in Wahrheit ein Ebenbild unserer Eltern ist, anfänglich recht ärgerlich. Obwohl wir unsere Eltern meist lieben, haben wir den Wunsch, einen Elternteil zu heiraten, zumindest auf der bewussten Ebene bereits im Alter von fünf oder sechs Jahren überwunden. Als wir dann Teenager wurden, wünschten wir uns in erster Linie Freiraum von unseren Eltern. Trotzdem ist es eine Tatsache, dass wir uns unbewusst zu einer bestimmten Person hingezogen fühlen, die in sich selbst die besten und schlechtesten Charakterzüge unserer Eltern vereint. Wir nennen es unsere persönliche Imago – ein „Abziehbild" der positiven und negativen Eigenschaften unserer primären Bezugspersonen aus der Kindheit.

Wenn Sie beim Lesen dieser Gedanken sagen: „Seltsam, ich erkenne so gar keine Ähnlichkeit zwischen meinem Partner und meinen Eltern!", so möchten wir entgegnen, dass Ihr Partner Ihren Eltern keineswegs ähnlich zu sehen braucht und sich oberflächlich betrachtet auch gar nicht so verhalten muss, wie Ihre Eltern sich verhielten. Das Spannende ist jedoch, dass durch die Verhaltensweisen Ihres Partners in Ihnen dieselben Gefühle wach werden, die auch Ihre Eltern bei Ihnen wachriefen. Dazu gehört das Erleben von Liebe und Geborgenheit. Und ebenso die Erfahrung, dass nicht alle Ihre Bedürfnisse erfüllt wurden und dass dies Ärger, Enttäuschung oder Schmerz in Ihnen hervorrief.

Was sich hinter den Kulissen abspielt.

Unsere Kindheit ein zweites Mal durchleben

Wenn wichtige Bedürfnisse in unserer Kindheit nicht erfüllt werden können, führt das zu sogenannten „Kindheitsverwundungen". Als Erwachsene reagieren wir besonders in jenen Punkten empfindlich, wo unsere Bedürfnisse offen bleiben mussten. Unser Unterbewusstsein ist der Ansicht, dass **diese Verwundungen am besten heilen können, wenn wir einen Menschen mit ähnlichen Eigenschaften finden wie unsere primären Bezugspersonen aus der Kindheit – und wenn jener lernt, uns zu schenken, was wir damals bereits gebraucht hätten.** Obwohl es uns oft sehr hart erscheint, die schmerzlichen Aspekte in einer Partnerschaft auszuhalten, versteckt sich doch ein großartiger Plan dahinter: Wir sind dazu berufen, entscheidend zur gegenseitigen Heilung unserer Kindheitsverwundungen beizutragen.

Es ist uns wichtig zu betonen, dass es keineswegs darum geht, unseren bzw. Ihren Eltern Schuld zuzuweisen, wenn wir von Kindheitsverwundungen sprechen. Realistisch betrachtet ist es unmöglich, die Elternrolle perfekt zu erfüllen. Würden Sie eines unserer sechs Kinder fragen, ob wir beide perfekte Eltern waren, wird deren Antwort *sicherlich* „Nein!" lauten. Nicht einmal den großartigsten Eltern gelingt es, sich in allen Situationen großartig zu verhalten. Die Elternrolle „perfekt" zu erfüllen, ist ein Ding der Unmöglichkeit.

Ob Ihre Eltern in manchen Punkten ziemlich versagt haben oder ob die Verwundungen, die sie verursachten, eher nebensächlicher Natur waren, die Folgen ihres Verhaltens lassen sich im Allgemeinen in zwei Kategorien einteilen. Entweder waren Ihre Eltern zu stark engagiert in ihrer Elternrolle, sodass Sie sich manchmal kontrolliert und eingeengt fühlten.

Oder Ihre Eltern engagierten sich zu wenig, sodass Sie sich manchmal vernachlässigt oder im Stich gelassen fühlten.

Als junges Mädchen lasteten die Erwartungen anderer oft als starker Druck auf mir. Meine Eltern erwarteten von mir, dass ich anderen gegenüber immer meine freundliche und hilfsbereite Seite zeigte, egal wie ich mich gerade wirklich fühlte. Ich wurde im Süden der USA geboren und wuchs dort auf, und in meiner Kultur war es üblich, dass junge Mädchen zierliche Schönheiten waren, die andere erfreuen sollten. Man brachte mir sogar bei, wie man einen echten Knicks macht – ich lernte, mich im wahrsten Sinn des Wortes anderen *unterzuordnen*. Meine Mutter war selten da, wenn ich von der Schule heimkam, denn sie engagierte sich über die Maßen als ehrenamtliche Mitarbeiterin in einem Krankenhaus. Und auch von mir wurde erwartet, dass ich wie sie den Großteil meiner Freizeit mit ehrenamtlichen Tätigkeiten füllte.

Und nun im Schnelldurchlauf weiter zu meiner Ehe.

Sie meinen, ich wäre eigentlich die perfekte Ehefrau gewesen und hätte mich in jeder Hinsicht für Harvilles Wohl aufgeopfert.

Ehrlich gesagt, so war es auch – ... aber nur in gewisser Hinsicht.

Als wir heirateten, schwor ich mir, für Harville die beste Ehefrau der Welt zu sein. Mit Stolz und Hingabe war ich bestrebt, jedem einzelnen Detail seines Lebens meine volle Aufmerksamkeit zu schenken. Und bald schon hatte ich das Gefühl, ich kannte ihn besser als er sich selbst. (Gefahr im Verzug!)

Wenn Freunde eine Frage an Harville richteten, mischte ich mich oft voll Stolz ein und antwortete an seiner Stelle. Ich bereitete sein Frühstück zu und kochte das Abendessen, ohne ihn jemals zu fragen, was er gern essen wollte. Ich brauchte ihn nicht zu fragen, denn ich wusste es doch ohnehin. Ich wusste, dass er ein großer Fan der Serie *Star Trek* war, also war ich überzeugt, dass er sich riesig freuen musste, wenn ich ihn mit Kaffeetassen oder Handtüchern mit dem Logo von *Star Trek* überraschte. Ich konzentrierte mich dermaßen auf Harvilles Befindlichkeit, dass man nur mich fragte musste, wenn man wissen wollte, wie es ihm gerade ging.

Ich war mir sicher, dass Harville zutiefst glücklich darüber sein musste, mit mir verheiratet zu sein, weil ich ihm jeden Wunsch von den Augen ablas. Aber eines Tages passierte etwas, das im Grunde gar nicht zu seiner Person passte: HARVILLE RASTETE AUS! Noch nie hatte ich ihn so wütend erlebt. Ich war schockiert und verletzt. Und *völlig* durcheinander. Wie konnte es nur sein, dass er *all das*, was ich für ihn tat, nicht schätzte? Als Harville sich wieder beruhigt hatte, erklärte er mir, dass ich ihn bei all dem, was ich für ihn tat, niemals *gefragt hatte*, was er sich eigentlich wünschte. Dieses Feedback erstaunte mich zutiefst. Ich hatte angenommen, ich wüsste alles über Harville, er aber fühlte sich völlig übergangen.

Trotz all meiner Anstrengungen war es mir nicht gelungen, die wahren Bedürfnisse meines Mannes zu erfüllen. Ich tat zwar sehr viel für ihn, aber echte Nähe konnten wir dadurch nicht erreichen.

Die Muster meiner eigenen Kindheitsverwundungen passten perfekt zu jenen meines Mannes. Harvilles Eltern waren beide früh verstorben, als er noch ein Kind war, und deshalb nahm seine bereits erwachsene Schwester Rosa Lee ihn im Alter von sechs Jahren bei sich auf. Sie gab sich größte Mühe, alles für ihn zu tun, was sie nur konnte. Und in vielerlei Hinsicht gelang ihr das sehr gut. Aber sie hatte auch eigene Kinder zu versorgen. Und sie war Harvilles große Schwester und konnte folglich nicht dieselbe Beziehung zu ihm aufbauen, die seine Mutter zu ihm gehabt hatte – wie denn auch? So fühlte sich Harville in seiner Kindheit oft sehr einsam. Seine vorrangige Kindheitsverwundung war das Gefühl, im Stich gelassen zu sein.

Als ich mich später so für Harvilles Wohl einsetzte, ohne eine tiefe und nahe Verbindung zu ihm aufzubauen, kamen genau dieselben Gefühle wie in seiner Kindheit wieder hoch. Harville hatte neuerlich das Gefühl, allein und im Stich gelassen zu sein – diesmal aber von seiner Ehefrau.

Es war kein Versehen, dass sich unsere Kindheitsverwundungen so gut ergänzten. Wir haben bereits erwähnt, dass wir uns **in der Phase der romantischen Liebe zu einem Menschen hingezogen fühlen, dessen Verhaltensweisen jene Gefühle erneut hervorrufen, die uns aus der Zeit mit unseren primären Bezugspersonen vertraut sind.**

Unser Unterbewusstsein wählt einen passenden Partner für uns. Es ist so weise, dass es uns hilft, die Gefühle unserer Kindheit neuerlich zu spüren, um sie heilen und erlösen zu können. Eine gute Partnerschaft schenkt uns die Chance, Erinnerungen und Gefühle aus unserer Kindheit neuerlich zu erleben, diesmal aber *mit einem anderen, glücklicheren Ausgang*. Als Kinder waren wir hilflos. Als Erwachsene haben wir Einfluss und Handlungsfreiheit. Wir können diese Situationen gemeinsam mit unserem Partner so bearbeiten, dass die Bedürfnisse beider Partner erfüllt werden.

Aber es gibt auch hoffnungsvolle Perspektiven

Man könnte den Eindruck gewinnen, dass wir Menschen – was Liebe und Partnerschaft betrifft – ziemlich in der Klemme stecken. Aber da der tiefere Sinn darin liegt, die Gefühle unserer Kindheit neuerlich an die Oberfläche zu holen, bedeutet das schließlich, dass **der größte Teil**

all des Unangenehmen und oft sehr Belastenden, das in unserer Partnerschaft hochkommt, aus unserer Vergangenheit stammt. Wirklich! Mehr als 90 Prozent der frustrierenden Gefühle, die Ihr Partner in der Beziehung zu Ihnen beklagt, haben mit seiner eigenen Kindheit zu tun. Das bedeutet weiter, dass nur ungefähr 10 Prozent davon mit Ihnen und Ihrer heutigen Partnerschaft zusammenhängen. Das klingt doch schon um vieles aufbauender, nicht wahr?

Des Rätsels Lösung

Die romantische Liebe treibt uns in die leidenschaftlichen Arme eines Menschen, der langfristig gesehen dieselben Enttäuschungen in uns hervorrufen wird wie unsere Eltern (oder andere frühe Bezugspersonen) – aber mit der besten aller Absichten! Unsere Kindheitsverwundungen sollen an die Oberfläche gebracht werden, damit sie Heilung erfahren können.

Sie denken nun, aufgrund dieses großen Heilungspotenziales sollte Ihre Partnerschaft im Handumdrehen um vieles besser werden? Sie wird um vieles besser werden.

Aber zuvor ist noch Arbeit an Ihrer Partnerschaft angesagt!

Übung Damals und Jetzt

Als Beginn

1. Schreiben Sie bitte auf, in welcher Hinsicht Sie von wichtigen frühen Bezugspersonen enttäuscht wurden und wie Sie sich damals gefühlt haben (Sie können dies im Übungsteil des Buches, auf der Seite „Enttäuschungen – Damals", direkt nach der ersten Übung, schriftlich festhalten). Diese Enttäuschungen können auf ein konkretes Ereignis zurückzuführen sein oder Ihrer allgemeinen Gefühlslage zu jener Zeit entsprechen.

   Zur Erinnerung: Zu Ihren frühen, primären Bezugspersonen zählen alle jene Personen, die verantwortlich für Sie als Baby und Kleinkind waren, also Eltern, ältere Geschwister, Verwandte oder andere Babysitter.

2. Auf der darauffolgenden Seite „Enttäuschungen – Jetzt" halten Sie bitte jene Enttäuschungen fest, die Ihr Partner/Ihre Partnerin immer wieder in Ihnen auslöst, sowie die Gefühle, die dadurch in Ihnen hervorgerufen werden. Zählen Sie bitte so viele wie nur möglich auf – sowohl kleine Lästigkeiten, die zu großen Enttäuschungen führen, als auch solche, die schwer auf Ihnen lasten.

3. Gehen Sie nun die Listen von Punkt 1 und Punkt 2 noch einmal in Ruhe durch und versuchen Sie, Gemeinsamkeiten in diesen Listen zu erkennen.

Für die nächste Zeit

Tauschen Sie sich mit Ihrem Partner/Ihrer Partnerin über die Gemeinsamkeiten dieser beiden Listen aus. Sie werden merken, wie Ihr Interesse an Ihrem Partner/Ihrer Partnerin wächst, während Sie sich darüber austauschen. Es ist fast nicht möglich, gleichzeitig starkes Interesse und starke Enttäuschung zu verspüren. In der Übung zur Erkenntnis 7 werden Sie trainieren, jene Enttäuschungen über Verhaltensweisen Ihres Partners/Ihrer Partnerin, die Sie sehr belasten, in konkrete Bitten im Sinne von Wachstum und Heilung zu verwandeln.

Zur Erinnerung

90 Prozent der Enttäuschungen, die unser Partner in uns auslöst,
hängen nicht mit ihm, sondern mit unserer Vergangenheit zusammen.
Das bedeutet, dass nur 10 Prozent des aktuellen Frusts
mit Ihnen beiden persönlich zu tun haben.

Erkenntnis 2

Gegensätzlichkeit ist der Beweggrund für Ihre Partnerschaft

Harville

Warum ist es schwierig, an unserer Partnerschaft zu arbeiten? Nicht nur deshalb, weil jener Mensch, den wir als dauerhaften Partner gewählt haben, unseren Eltern ziemlich ähnelt, sondern auch deshalb, weil wir so gegensätzlich sind. Man könnte denken, dass dies ein absichtlicher Plan der Natur ist. Was aber noch seltsamer anmutet, ist die Tatsache, dass unserer Gegensätzlichkeit eine Schlüsselrolle in diesem Plan zuzukommen scheint. Wie Sie noch sehen werden, spielt die Gegensätzlichkeit von Partnern eine entscheidende Rolle darin, mich und meinen Partner darauf vorzubereiten, die Bedürfnisse des anderen erfüllen zu lernen.

Deshalb sagen wir, **dass Gegensätzlichkeit der Beweggrund für unsere Ehe oder Partnerschaft ist.**

Und, ganz offen gesagt, könnte große Ähnlichkeit auch große Langeweile mit sich bringen.

Wir haben dies nicht nur einmal erlebt. Menschen möchten glauben, dass sie sich in jemanden verliebt haben, der ihnen total ähnlich ist. Es ist aber eine Tatsache, dass wir uns zu Menschen hingezogen fühlen, die in gewisser Hinsicht das komplette Gegenteil von uns verkörpern. Deshalb muss die romantische Liebe so eine starke Anziehungskraft entwickeln, denn ohne diese Illusion würden wir die Gegensätzlichkeit unserer Charaktere von Beginn an erkennen – und schreiend voreinander weglaufen!

Helen und ich sind *wirklich* gegensätzlich. Ich wuchs auf einer Farm inmitten von Getreidefeldern im ländlichen Georgia auf. Sie verbrachte ihre Kindheit in einer Villa an einem See in Dallas. Ich war bettelarm. Sie kam aus einer texanischen Öl-Dynastie. Mein Vater starb kurz nach meiner Geburt und meine Mutter blieb mit neun Kindern und einer Farm zurück, auf der eine Hypothek lastete. Meine Mutter starb, als ich sechs Jahre alt war. Eines der wenigen Dinge, die Helen und ich gemeinsam hatten: Ich wuchs als Waisenkind bei einer meiner älteren Schwestern auf – und Helen fühlte sich zum Teil ebenfalls als „Waisenkind", weil alle Angestellten ihrer Familie stets unter Stress standen, und ihre Eltern am allermeisten.

Helen ist eine Nesthockerin. Ich bin ein Abenteurer. Sie ist introvertiert, ich hingegen bin höchst aufgeschlossen für die Welt um mich herum. Während einer Autofahrt sage ich oft: „Ist diese Landschaft nicht wunderschön?" Erst dann blickt Helen kurz auf. Helen hat wenig Zeitgefühl, während ich zwanghaft pünktlich bin. Wenn sie an eine Türe klopft und niemand öffnet, klopft sie ein zweites und drittes Mal. Ich gehe weiter zur nächsten Tür. Helen liebt es, wenn Gemüse weich gekocht ist. Ich mag Gemüse lieber nur kurz gedünstet oder überhaupt roh.

Helen ist ein intuitiver Mensch und versteht komplexe Inhalte sofort. Ich hingegen bin ein logischer Mensch. Bis ich zu einer Lösung gefunden habe, steht sie schon lange wartend an der Zieleinlauflinie. Helen ist ein Multitasking-Talent. Das bringt mich manchmal zur Verzweiflung. Für mich ist es ohne Zweifel besser, wenn ich mich auf jeweils eine Sache konzentrieren kann.

In der Operette *My Fair Lady* gibt es ein berühmtes Lied mit dem Refrain: „Warum kann eine Frau nicht sein wie ein Mann?" Ich weiß wirklich nicht, wie viele hundert Male ich schon geseufzt habe: „Warum kann Helen nicht so sein wie ich?" Leider führen Klagen dieser Art unausweichlich dazu, dass der Machtkampf beginnt.

Und der Machtkampf beginnt ...

„Nie machst du ..."
„IMMER willst du ..."
„Du bist einfach viel zu ..."

Willkommen im traurigen und beklemmenden Land des Machtkampfes! Jeder von uns ist zutiefst überzeugt, im Recht zu sein. Wenn mein Partner nur endlich erkennen könnte, wie großartig ich bin! Ja, und wenn er endlich dazu bereit wäre, alles zu tun, worum ich ihn bitte (oder worauf ich einen dezenten Hinweis gebe, oder was ich mir insgeheim wünsche, aber bisher noch nicht offen gesagt habe) – und zwar genau so, wie ich es mir vorstelle. Dann wäre endlich ALLES IN BESTER ORDNUNG. Machtkämpfe sind absolut belastend. Aber raten Sie einmal! Oh, Sie sind aber rasch von Begriff:

Auch das ist von der Natur so vorgesehen!

Die Phase des Machtkampfes beginnt immer dann, wenn die Phase der romantischen Liebe verblasst. Und wie die romantische Liebe hat auch der Machtkampf seinen tieferen Sinn. Im Grunde ist es nämlich Ihre Gegensätzlichkeit, die Ihre Partnerschaft aufregend machen kann – aber erst, sobald wir unser Bedürfnis nach Gleichheit überwunden haben. **Jene Spannung, die durch unsere Gegensätzlichkeit entsteht, ist nämlich entscheidend dafür, unsere Kindheitsverletzungen heilen zu können.** Diese Spannung erzeugt die Energie, die wir brauchen, um unsere Probleme erfolgreich bearbeiten zu können. **Und sie hilft jedem von uns, seelische und emotionale Stärke zu entwickeln.**

Gegensätzlichkeit macht Sinn

„Aber halt!", denken Sie nun vielleicht. „Mein Partner und ich passen doch in vielerlei Hinsicht sehr gut zusammen. Wir haben ähnliche Vorlieben beim Essen, bei den Urlaubszielen, wir sind in relativ ähnlichen Verhältnissen aufgewachsen ..."

Ja, es kann durchaus sein, dass Sie und Ihr Partner vieles gemeinsam haben. Wir haben jedoch erkannt, dass Paare in zwei grundlegenden Bereichen gegensätzlich sind: erstens darin, wie sie die Gegenpole Struktur und Freiheit unter einen Hut zu bringen versuchen, und zweitens in ihrer persönlichen Art, mit Stress, Druck und Konflikten umzugehen.

Was die Gegenpole Struktur und Freiheit betrifft, so haben Helen und ich ganz unterschiedliche Empfindungen. Wenn wir am Wochenende gemeinsam freihaben, beginnt Helen als erstes damit, Pläne zu erstellen. Sie liest die Kinovorschau und die Restaurantbewertungen. Dann löchert sie mich mit Fragen darüber, welche Karten sie vorbestellen und welches Restaurant sie reservieren könnte. Ich habe gelernt zu verstehen, dass diese Struktur Helen hilft, unsere gemeinsame freie Zeit mehr zu genießen. Erst wenn die Planungen unter Dach und Fach sind, kann sie sich entspannen und die Zeit wirklich genießen.

Ich andererseits bevorzuge unstrukturierte Wochenenden. Natürlich möchte ich nicht die ganze Zeit zu Hause sitzen und Löcher in die Wand starren. Es ist schon in Ordnung für mich, wenn Helen und ich uns entschließen, einen jener Filme anzusehen oder eines jener Restaurants zu besuchen, die sie in mühevoller Recherche ausgewählt hat. Aber ich schätze auch Spontaneität über alles! Es macht mir keinen Spaß, mich schon im Vorhinein an eine konkrete Aktivität und an einen konkreten Zeitpunkt gebunden zu fühlen. Ich möchte mich entspannen und meinen Gedanken freien Lauf lassen, ohne ein fixes Ziel im Kopf zu haben. Dieses Thema führte immer wieder zu heißen Kämpfen zwischen uns, bis es uns gelang, unsere Wochenenden so zu gestalten, dass die Bedürfnisse von uns beiden dabei auf ihre Rechnung kommen.

Schildkröte und Hagelsturm

Wie können zwei derart gegensätzliche Menschen nun lernen, miteinander zu leben? Es ist vor allem wichtig, Ihre Gegensätze auf eine nicht bewertende Weise anzuerkennen. Es ist sehr wichtig, sich darauf einzustellen, dass Sie in vielerlei Hinsicht gegensätzliche Haltungen einnehmen werden. Und keiner von Ihnen irrt sich! Wenn Sie dies wirklich verstehen lernen, so können Sie beginnen, auf kreative Weise *gemeinsam* fröhliche neue Verhaltensmuster zu entwickeln.

Dies bringt uns zu Punkt 2 und zu der Frage, welche Verhaltensweisen wir empfehlen, damit Sie das Boot Ihrer Partnerschaft auch durch hohen Wellengang umsichtig steuern können, wenn einer oder beide von Ihnen sich sehr belastet fühlen.

Schon in den Anfängen unserer Arbeit mit Paaren entdeckten Helen und ich, dass die Reaktionen von Menschen auf Stress und Konflikte sich in zwei Hauptkategorien unterteilen lassen: **Minimieren** oder **Maximieren**. Wenn Minimierer Druck spüren, verbergen sie ihre Reaktionen tief in ihrem Inneren. Sie halten ihre Energie zurück. Solche Menschen bezeichnen wir als **Schildkröten**, weil dieser Rückzug an eine Schildkröte erinnert, die sich in ihren Panzer zurückzieht. Wenn Maximierer Druck spüren, machen sie ihren Gefühlen lautstark Luft – sodass jeder in Hörweite es mitbekommt. Solche Menschen bezeichnen wir als **Hagelstürme**. Falls man in die Reichweite eines solchen Hagelsturmes gerät, kann es sich anfühlen, als prasselten golfballgroße Hagelkörner herab.

Schildkröten brauchen Distanz. Sie wünschen sich Freiraum. Sie verbringen gerne Zeit allein, ganz versunken in ihren Gedanken. So laden sie ihre Batterien wieder auf. Sie verarbeiten ihre Gefühle still in ihrem Inneren und reflektieren lange, bevor sie sich mit ihrer Meinung an jemand anderen wenden. Sie sind es, die die Dinge normalerweise sehr besonnen angehen. Ihre Stärke liegt darin, andere zur Besinnung und zur Ruhe zu mahnen, wenn alles eskaliert. Von außen gesehen mag es den Anschein haben, dass Schildkröten nur sehr langsam kriechen und nicht viel voranbringen. Aber das Sprichwort „Steter Tropfen höhlt den Stein" trifft auf sie zweifellos zu. Sie brauchen nur unser Vertrauen, genug Freiraum und ungestörte Zeit, dann können Schildkröten Berge versetzen.

Hagelstürme sind da ganz anders und gedeihen nur mit viel Kontakt. Ihre Energie fließt nach außen und sie ziehen es vor, ihre Gefühle zusammen mit anderen Menschen zu verarbeiten. Sie sind sehr begabt darin, für die Dynamik in der Familie zu sorgen. Mit großer Wahrscheinlichkeit war es auch der Hagelsturm in Ihrer Partnerschaft, der dieses Buch besorgt hat.

Anstatt Dinge ausführlich zu analysieren, reagieren Hagelstürme ganz aus der aktuellen Situation heraus. Spontan haben sie großartige Ideen und intuitive Erkenntnisse. Hagelstürme laden ihre Batterien auf, indem sie mit anderen gemeinsam eine schöne Zeit verbringen – ins Kino gehen oder eine Party feiern. Man muss sich kaum Sorgen darüber machen, wie sie ihre Pflichten auf die Reihe bekommen. Sie führen To-do-Listen. Und sie genießen es *voll und ganz*, Punkt für Punkt von ihren Listen streichen zu können.

Der Hagelsturm: Er denkt meist an 15 Dinge gleichzeitig und setzt sie auch um.

Wenn Schildkröten und Hagelstürme unvorbereitet aufeinandertreffen, können sie einander in den WAHNSINN treiben. Aber noch verwunderlicher ist: **Eine Schildkröte heiratet so gut wie immer einen Hagelsturm** und umgekehrt. Bei manchen Paaren ist es offensichtlich, wer eine Schildkröte und wer ein Hagelsturm ist. **Bei anderen lässt es sich erst erkennen, wenn Probleme auftreten**. Ihre gegensätzlichen Energien ziehen einander leidenschaftlich und hoffnungslos an wie die stärksten Magneten. Wir haben noch nie ein Paar kennengelernt, das nicht aus einem Hagelsturm und einer Schildkröte bestand – auch auf Helen (den Hagelsturm) und mich (die Schildkröte) trifft das zu.

Wenn viel Druck auf mir lastet, brauche ich Zeit für mich, um dieses Thema zu bearbeiten. So gelange ich am ehesten zu guten Erkenntnissen. Helen wiederum verarbeitet schwierige Situationen, indem sie offen über ihre Gefühle spricht. Sie betrachtet ein Problem aus einer möglichen Perspektive, dann aus einer anderen und einer dritten – und möchte alle Blickwinkel mit mir besprechen, bevor sie sich für den nächsten Schritt entscheidet.

Manchmal gelingt es uns recht gut, unsere Unterschiedlichkeiten zu integrieren. Wenn mir jedoch alles zu viel wird, verspüre ich das starke Bedürfnis, mich zurückzuziehen. Das macht Helen verrückt! Sie hat den Eindruck, ich flüchte vor ihr. Also erwacht der Hagelsturm in ihr und hagelt fürchterlich, um meine Aufmerksamkeit zurückzuerlangen. Das hilft mir allerdings überhaupt nicht weiter.

Helen erkannte mit der Zeit, dass ich mich umso mehr zurückzog, je mehr ihr Hagelsturm aktiv wurde. Der Gedanke, sich zurückzuziehen, war ihr sehr wesensfremd. Aber eines Tages hatte Helen eine großartige Idee. Sie liebt das Sticken, und immer wenn sie den Eindruck hatte, dass ich mich gerade zurückzog, begann sie eine neue Stickarbeit. So hatte sie etwas, auf das sie ihre Aufmerksamkeit richten konnte (anstatt auf mich), und es fiel ihr bedeutend leichter, einen Schritt zurückzutreten und mir die Zeit zu schenken, die ich für mich brauchte.

Inzwischen hat sie gelernt, ihre Energie auf diese Weise in gute Bahnen zu lenken, und wurde zu einer sehr geschätzten und hilfreichen Partnerin bei Problemlösungen. Im Gegenzug hat sie nun einen dankbaren Partner. Ich schätze es wirklich sehr, dass sie gelernt hat zu respektieren, dass ich Zeit und Raum für mich brauche, bis ich wieder Verbindung mit meiner „besseren Hälfte" aufnehmen kann. (Auch unsere Kinder und Enkelkinder haben davon profitiert – jedes von ihnen besitzt inzwischen einen wunderschönen handbestickten Strumpf, den der Weihnachtsmann mit Geschenken füllen kann.)

Ähnlich wie das Täuschungsmanöver der romantischen Liebe ist auch die Anziehungskraft der Gegensätze Schildkröte und Hagelsturm ein Naturgesetz. Es funktioniert exakt so: Je tiefer die Schildkröte sich in ihren Panzer zurückzieht, desto stärker hagelt der Hagelsturm. Je mehr Hagelkörner der Hagelsturm herabwirft, desto tiefer versteckt sich die Schildkröte in ihrem Panzer.

Aber Sie haben die Chance, dies zu verändern!

Als Helen und ich endlich erkannten, dass wir der Schildkröten/Hagelsturm-Dynamik nicht hilflos ausgeliefert sind, gelangten wir an einen wichtigen Wendepunkt. Wir konnten selbst beeinflussen, wie stark Helens Hagelsturm hagelte und wie sehr meine Schildkröte sich zurückzog. *Auch Sie und Ihr Partner haben die Macht, dieses Naturgesetz zu Ihren Gunsten zu steuern.*

Wir sind zu wichtigen Erkenntnissen gelangt:

All ihr Hagelstürme da draußen in der Welt: Es ist verständlich, dass ihr stürmen und hageln wollt, wenn eure Schildkröte sich in ihrem Panzer versteckt. Aber tut dies besser nicht! Ihr werdet nicht das Ziel erreichen, das ihr anstrebt. Die Schildkröten verstecken sich, weil sie sich überwältigt fühlen.

Andere Verhaltensweisen, die Schildkröten verärgern, sind Vorwürfe für Dinge, die in der Partnerschaft nicht funktionieren, oder Druck, dass sie tun sollen, was Sie von ihnen wollen. Schildkröten hassen es, analysiert zu werden. Energetisch gesehen beanspruchen Hagelstürme oft den meisten Raum in einer Partnerschaft. Dadurch fühlen Schildkröten sich ausgeschlossen. Wenn Sie mit diesem Verhalten fortfahren, wird Ihre Schildkröte die meiste Zeit tief in ihrem Panzer verkrochen bleiben.

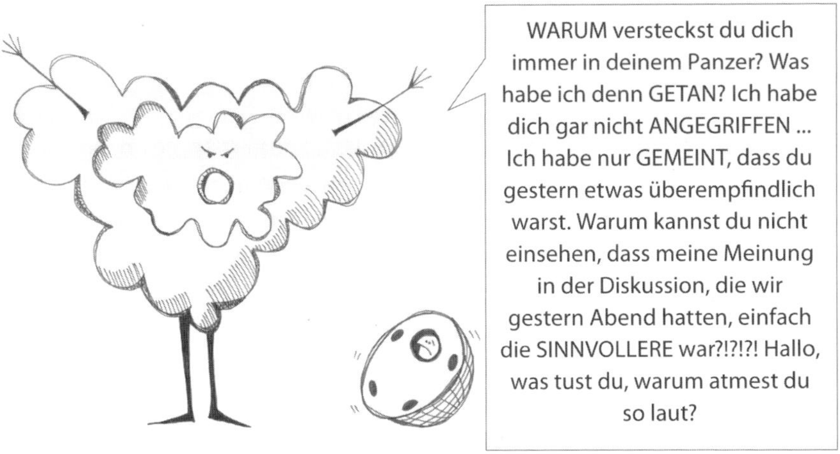

Wenn Sie wollen, dass Ihre Schildkröte sich herauswagt, dann sorgen Sie für eine sichere Umgebung. Formulieren Sie ausdrücklich Ihre Wertschätzung. Schildkröten sind stolz darauf, dass sie für Stabilität und Ordnung sorgen. Diese Geschenke sollten Sie wirklich anerkennen. Wenn Schildkröten sich sicher fühlen, sehen sie keinen Grund mehr, sich zu verstecken. Schenken Sie ihnen eine gewisse Ruhephase in ihrem Panzer, dann kommen sie von selbst wieder hervor und suchen die Nähe (schließlich wird es nach einiger Zeit ziemlich einsam in so einem Panzer!).

Ein weiterer Gedanke über Schildkröten. Bringt man sie an ihre Grenzen, dann werden sie bissig und explodieren förmlich. Es dauert ziemlich lange, bis man sie zu diesem Punkt bringt. Aber sind sie erst einmal dort angekommen, dann ist höchste Vorsicht angesagt. Wütende Schildkröten sind kein angenehmer Anblick!

An alle Schildkröten da draußen in der Welt: Wenn ihr seht, dass sich dunkle Wolken um den Hagelsturm zusammenbrauen, spürt ihr den Impuls, euch zu verstecken. Tut das nicht! Ihr wollt schließlich nicht, dass die Hagelstürme euren Panzer verbeulen, also bleibt mutig und streckt euren Kopf heraus! Hagelstürme hageln, weil sie überfordert sind. Sie haben oft das Gefühl, sie müssten die ganze Last dieser Welt auf ihren Schultern tragen. Und wenn ihr euch zurückzieht, fühlen die Hagelstürme sich noch mehr allein gelassen. In jener Sekunde, wo ihr das erste Donnern hört, schenkt ihnen eure volle Aufmerksamkeit. Seid freundlich und bietet ihnen Unterstützung an. Schenkt ihnen eine Blume, schreibt ihnen ein Liebesbriefchen und lasst ihre Gefühle gelten.

Für Schildkröten ist es ganz besonders wichtig, daran zu denken, mit dem Hagelsturm sanft zu kommunizieren. Das ist immer wichtig, aber es ist besonders wichtig, wenn einer von Ihnen beiden sich überfordert oder nicht geschätzt fühlt. Versichern Sie dem Hagelsturm, dass Sie ihm den Rücken stärken. Wenn er merkt, dass er sich auf Sie verlassen kann, werden die dunklen Wolken sich zerstreuen und die Sonne kann bald wieder scheinen.

„Entspannter" Hagelsturm trifft auf „flotte" Schildkröte

Der schlimmste Fall ist also jener, wo wir einander verrückt machen. Was ist nun der Idealfall? Der Idealfall sieht so aus, dass die Schildkröte und der Hagelsturm lernen, miteinander zu tanzen. Das gelingt, wenn sie einander lehren, was sie selbst am besten können. Schildkröten müssen lernen, ihre Energien zu stärken und sich hervorzutrauen. Das bedeutet, die eigene Person laut und klar zum Ausdruck zu bringen, so wie die Hagelstürme. Und der Hagelsturm kann viel lernen von der Weisheit der Schildkröte, um einen Schritt zurückzutreten und seine Energie auch einmal bei sich zu behalten. Dieser Austausch hilft beiden, wichtige Fähigkeiten nachzulernen – und (wenn wir das hier so sagen dürfen) einander ähnlicher zu werden.

Obwohl es größtenteils unsere Gegensätzlichkeit ist, die uns (natürlich unbewusst) zu unserem Partner hinzieht, müssen ironischerweise beide Partner lernen, einander ähnlicher zu werden. Und dazu gehört es, jene Teile voneinander zu übernehmen, die uns bisher am meisten stören.

Wird die Schildkröte stürmischer und der Hagelsturm „schildkrötiger", so können wir eine neue Balance erreichen. Und diese neu kultivierten Fähigkeiten werden Ihnen ganz allgemein helfen, sich im Leben besser zu bewähren.

Es ist erstaunlich, dass wir selbst den Schlüssel in der Hand haben, um zu beeinflussen, wie sehr unsere Schildkröte sich zurückzieht und wie stark unser Hagelsturm hagelt. Wenn wir diese Gegensätzlichkeit bearbeiten, helfen wir einander, unsere Kindheitsverwundungen zu heilen. **Wenn wir unserem Partner das schenken, was er zutiefst braucht, wachsen neue Fähigkeiten in uns heran, die uns helfen, psychologische und emotionale Stärke zu entwickeln.** Das wahre Geheimnis, das Wunder liebevoller Partnerschaft besteht darin, unserem Partner sowohl Katalysator als auch Begleiter in dieser Entwicklung zu werden.

Erkenntnis 2 Gegensätzlichkeit ist der Beweggrund für Ihre Partnerschaft

Übung Den Hagelsturm zähmen und die Schildkröte ermutigen

Mit Hilfe dieses Kapitels werden Sie vermutlich ohne Probleme herausfinden, wer in Ihrer Partnerschaft die Schildkröte ist und wer der Hagelsturm. Sollte es Ihnen trotzdem nicht leichtfallen, das zu erkennen, dann überlegen Sie, wie Sie reagieren, wenn Sie eine große Enttäuschung oder Ärger erleben. Wenn Sie sich dann immer noch nicht sicher sind, können Sie ja auch Ihren Partner/Ihre Partnerin um dessen/deren Meinung fragen!

Die Schildkröte ermutigen

Sie sind ein Hagelsturm und Ihre Schildkröte steckt in ihrem Panzer fest. Hier einige Vorschläge, wie Sie sie ermutigen können, sich wieder hervorzuwagen:

1. Fragen Sie sie, was sie im Moment von Ihnen brauchen würde.
   Ärgern Sie sich nicht, wenn Ihre Schildkröte das selbst nicht so genau wissen sollte. Fragen Sie einfach und konzentrieren Sie sich ganz darauf, dass Ihr Partner/Ihre Partnerin sich sicher fühlen und Ihnen etwas anvertrauen kann. Zeigen Sie sich offen und fragen Sie nach, warum Ihre Schildkröte einen harten Panzer hat (und einen weichen Bauch).

2. Tun Sie vorerst einmal gar nichts.
   Das ist die einfachste (und im Allgemeinen effektivste) Methode. Für einen Hagelsturm kann dies jedoch die schwierigste Herausforderung bedeuten. Gibt man aber der Schildkröte ein bisschen Raum, dann streckt sie rasch ihren Kopf aus ihrem Panzer heraus – und sofort fühlt man sich als Hagelsturm nicht mehr so einsam.

3. Schreiben Sie eine kurze, freundliche und aufrichtige Anerkennung für sie und legen Sie dieses Briefchen irgendwohin, wo Ihre Schildkröte es gut sehen kann (auf ihren Schreibtisch, das Nachtkästchen, in ihre Geldbörse ... oder kleben Sie es auf den Badezimmerspiegel).
   Das erinnert die Schildkröte daran, dass sie geschätzt wird.

Den Hagelsturm abkühlen

Stellen Sie sich vor, Sie wären die Schildkröte und Ihr Hagelsturm bebt vor Zorn und hagelt golfballgroße Hagelkörner. Hier sind einige Vorschläge, wie Sie die Sturmwolken wegpusten können:

1. Schenken Sie ein kleines Symbol Ihrer Wertschätzung – eine Blume, ein nettes Briefchen, etwas Süßes, das Ihr Hagelsturm liebt.
   Diese kleine Geste zeigt ihm, dass er Ihnen wichtig ist und Sie sich nicht zurückziehen.

2. Fragen Sie Ihren Hagelsturm: „Was belastet dich gerade?" Hören Sie ihm zu und wiederholen Sie, was Ihr Hagelsturm erzählt.

3. Wenn Sie ihm konkret helfen möchten, sich wieder zu beruhigen, fragen Sie: „Gibt es etwas, das ich für dich tun kann?"
   Mehr als alles andere wird diese Frage dem Hagelsturm zeigen, dass Sie voll und ganz hinter ihm stehen. Für den Hagelsturm ist es das Wertvollste

auf der Welt, einen Partner/eine Partnerin zu haben, der/die hinter ihm steht. Wichtig ist aber, dass Sie tatsächlich TUN, worum immer Ihr Hagelsturm Sie gebeten hat. Denn sonst können Sie sich auf einen noch schlimmeren Hagel gefasst machen!

Zur Erinnerung

Gegensätzlichkeit ist nicht nur der Beweggrund für Ihre Partnerschaft – sondern auch die Chance auf eine großartige Partnerschaft

Erkenntnis 3

Konflikte sind Wachstum, das sich den Weg bahnen will

Harville

Vermutlich haben Sie inzwischen wahrgenommen, dass es nicht nur *normal* ist, wenn Sie Konflikte miteinander haben, sondern im Grunde *unausweichlich* – und sogar überaus *wertvoll!* Versuchen Sie nicht, Konflikte zu vermeiden! Versuchen Sie nicht, Konflikte zu verleugnen! Laufen Sie nicht weg vor ihnen und wünschen Sie sie nicht zum Teufel. Stellen Sie sich Ihren Konflikten – dann werden Sie entdecken, dass sich hinter ihnen großartige Chancen verbergen.

Einerseits können Schwierigkeiten in unserer Partnerschaft unbehagliche Gefühle hervorrufen, andererseits aber können wir sie als Einladung ansehen, unsere Situation aus einer neuen Perspektive zu betrachten. Sie haben also die Wahl: Wollen Sie Ihre Konflikte weiter wachsen lassen oder in kreative Spannung verwandeln, die Ihnen neue Erkenntnisse und Talente schenkt?

Konflikte sind nämlich Wachstum, das sich den Weg bahnen will.

Wir alle sehnen uns nach der wahren Liebe. Wir dachten, wenn wir bei der Hochzeit „Ja" sagen, bekommen wir sie geschenkt. Das stimmt auch tatsächlich – nur müssen wir zuvor noch zwei wichtige „Zwischenschritte" erledigen:

1. Romantische Liebe: Diese Phase ist pure Ekstase. In unserem Gehirn werden jede Menge Glückshormone ausgeschüttet, die tiefe Verbundenheit mit unserem Partner schaffen. Das fühlt sich großartig an. Dieser Zustand könnte für immer andauern.
2. Machtkampf: Leider muss jedes Paar auch diese Phase durchleben. Hier erkennen wir die schlechten Eigenschaften unseres Partners, angesichts derer die Ausschüttung von Glückshormonen versiegt. Wir fühlen uns elend und haben den Eindruck, alles würde von Tag zu Tag schlimmer und SCHLIMMER!

Wenn wir diese beiden Phasen überstehen, haben wir gute Chancen für die Zukunft. Wahre Liebe ist jene harmonische Nähe, nach der wir uns so sehnen, eine tiefe, ganzheitliche Vereinigung durch eine Partnerschaft, die auf gegenseitiger Fürsorge und Respekt aufbaut. Wie bei allem in unserem Leben, das besonders wertvoll ist, geht auch dem Ziel der wahren Liebe ein längerer Prozess voraus. Dieser ist ein echtes Abenteuer – und dieses Buch hier eine verlässliche Orientierungskarte.

Wir betonen die Wichtigkeit dieser beiden Phasen deshalb so stark, weil unzählige Paare, die in Konflikten leben, annehmen, es laufe etwas falsch in ihrer Partnerschaft. In unserer Gesellschaft überwiegt der Irrglaube, **man habe den falschen Partner, wenn man Probleme in der Partnerschaft hat.** *Dies stimmt definitiv nicht.*

Leider führen der Schmerz und die Verwirrung des Machtkampfes dazu, dass viele Paare sich trennen. Sie genießen die Phase der romantischen Liebe, deuten den Machtkampf aber als Signal dafür, den Notausgang zu wählen. Manche Paare lassen sich scheiden. Andere bleiben zusammen, leben aber in einer Art „Parallelehe" ohne wirkliche Berührungspunkte. Jene, die sich trennen, meinen, sie könnten nun endlich ein neues Glück finden. Aber jede neue Partnerschaft beginnt erneut mit der Phase der romantischen Liebe.

Und darauf folgt wiederum die Phase des Machtkampfes.

Es gibt kein Entkommen aus diesem Kreislauf – auch wenn Ihre neue große Liebe anders aussieht, anders spricht und sich ganz anders verhält als Ihr früherer Partner. Wenn die Phase der romantischen Liebe verblasst, verwandelt sich Ihr neuer Partner in eine erschreckend ähnliche Kopie Ihres früheren Partners.

Während der Phase des Machtkampfes aus der Partnerschaft auszusteigen bedeutet, gerade dort abzubrechen, wo etwas Neues und Wunderschönes in Ihrer Partnerschaft entstehen könnte. Sie können Ihren Partner loswerden, werden aber Ihre Probleme behalten. Ist es da nicht besser, Ihre Probleme loszuwerden und den Partner zu behalten? Wie soll das gehen? Indem Sie sich dafür öffnen, zu erkennen, was durch Ihre Konflikte Neues in Ihrer Partnerschaft geboren werden möchte!

Den Teufelskreis durchbrechen

Paare, die an unseren Workshops teilnehmen, verspüren meist eine *unglaubliche Erleichterung*, wenn wir erklären, dass jedes Paar sich irgendwann im Machtkampf verfängt. Sie erkennen, dass es nicht nur ihnen allein so geht. Das Geheimnis besteht darin, den **Konflikt als Sprungbrett für neues Wachstum anzusehen.**

Helen und mir erging es leider genauso wie den Paaren in unseren Workshops. Wir waren dramatisch in unserem Machtkampf verwickelt. Wir wollen hier kurz beschreiben, wie dieser Kampf aussah, und wie wir schließlich nach dieser Wüste das gelobte Land fanden.

Als meine Mutter starb, stand ich anfänglich zu sehr unter Schock, um zu weinen. Bei ihrem Begräbnis gratulierten mir alle, wie tapfer ich meine Gefühle zurückhielt. Eine meiner großen Schwestern nannte mich stolz „tapferer, kleiner Mann". Dabei war ich damals erst sechs Jahre alt. Als der Schock über den Tod meiner Mutter langsam nachließ, wollten auch meine Tränen zu fließen beginnen. Allerdings hatte ich die starke Botschaft der Erwachsenen in mir verinnerlicht, dass es *nicht* in Ordnung war, Gefühlen Ausdruck zu verleihen. Folglich vergrub ich meine Gefühle tief in meinem Inneren. Und ich begann, ausschließlich mit Hilfe meines Intellekts an das Leben heranzugehen. Ich tat mein Bestes, um außergewöhnlich gute Kommunikationsfähigkeiten zu entwickeln und meine logischen Gedanken in Wort und Schrift mitzuteilen.

Meine Gefühle waren so tief in meinem Inneren vergraben, dass ich oft *nicht einmal wahrnehmen konnte, wie ich mich fühlte.* Das frustrierte Helen, besonders wenn sie mit mir zusammen Imago-Übungen zur Verarbeitung unserer Kindheit machen wollte. Wenn sie in mein leeres Gesicht blickte, hatte sie oft den Eindruck, sie wäre mit einem Roboter verheiratet.

In Helens Familie wiederum war es immer erlaubt, Gefühle zu zeigen: zu lachen, zu spielen, zu singen, zu tanzen – und sogar zu weinen. In den 1970ern und 1980ern war das in Helens Heimat allgemein so üblich. Man fand es schön, wenn Frauen ihren Gefühlen Ausdruck verliehen. Andererseits erwartete man von ihnen nicht, logisches und lineares Denken zu entwickeln (und förderte es auch nicht) – ganz zu schweigen von technischen Aufgaben oder Büroadministration. In der Mädchenschule, die Helen besuchte, wurde nicht einmal Maschineschreiben gelehrt. Als sie einmal nach den Gründen dafür fragte, bekam sie zu hören, dass keines der Mädchen dies jemals brauchen werde.

Hier wurde eine klare Botschaft vermittelt: Für Helen war es in Ordnung, Gefühle zu haben – es war jedoch nicht in Ordnung, zu lernen, die eigenen Gedanken und Vorschläge ernst zu nehmen bzw. logisch und strukturiert zu denken. Folglich war Helen in unseren partnerschaftlichen Gesprächen wahnsinnig ausschweifend und beschrieb mir ihre

Gefühle ohne Ende. Oft dachte ich, dies würde mich eines Tages in den Wahnsinn treiben.

Das Einzige, worauf wir uns einigen konnten, war, dass der Bereich des „Denkens" in unserer Partnerschaft für mich reserviert war, der Bereich des „Fühlens" für Helen.

Vielleicht können Sie sich bereits ausmalen, wie es weiterging ...

Wenn es problematische Themen in unserer Ehe gab, verwandelte ich mich immer zum Roboter. Und Helen diskutierte nicht vernünftig mit mir, sondern begann unbewusst, die Gefühle von uns *beiden* in unserer Partnerschaft zu tragen. Das bedeutete, dass Helen *doppelt* gefühlsgeladen reagierte. Das frustrierte mich unglaublich! Mein Ärger staute sich auf und ich kritisierte sie wegen jeder Kleinigkeit.

Ich wünschte mir nur eines, nämlich dass Helen logischer denken lernen sollte (was bedeuten würde, dass ich mich nicht mehr mit ihrem Gefühlschaos abplagen müsste).

Und auch Helen wünschte sich nur eines, nämlich dass ich meine Gefühle wieder spüren sollte (damit ich in der Lage wäre, mich in *ihre* Gefühle hineinzuversetzen).

Leider war es so, dass Helen umso unlogischer reagierte, je kritischer ich wurde. Und ich begann, mich immer mehr zu ärgern und aufzuregen. Kennen Sie diese Dynamik? Wie sollten wir da nur wieder herausfinden?

Erst als wir lernten, diesen Konflikt als kreative Spannung anzusehen und zu nützen, konnte etwas ganz Neues in unserer Partnerschaft wachsen.

Meine Fähigkeit, tiefe Gefühle zu haben, hatte ich tatsächlich völlig verloren. Und Helens Fähigkeit, logisch zu denken und zu reden, war stark unterentwickelt. Aber dann erkannten wir endlich, **dass meist jener Teil des Partners, der uns auf den ersten Blick wahnsinnig zu machen scheint, der ist, nach dem wir uns insgeheim sehnen.** Und als wir das einmal erkannt hatten, konnte die wahre Arbeit beginnen. Wir bemühten uns nach besten Kräften, ganz neue Persönlichkeitsteile zu entwickeln!

Meine Aufgabe bestand darin, mir selbst die Erlaubnis für Gefühle zu geben. Anfangs war das schrecklich für mich. Es bedeutete nämlich, dass ich wahrnehmen musste, was der Verlust meiner Mutter im Alter von sechs Jahren *tatsächlich* für mich bedeutet hatte. Diesem Gefühl war ich seit Jahrzehnten ausgewichen. Ich war ein Mann, der Ordnung und Kontrolle liebte, und es schien mir überhaupt nicht verlockend, das zu durchleben. Für wen wäre es das schon?

Mit der Zeit bemerkte ich aber, dass ich mich innerlich immer dann verschloss, wenn es für Helen wichtig schien, dass ich mich gefühlsmäßig öffnete. Sie versuchte mir zu vermitteln, dass ich mich mit meinen Kindheitsverletzungen auseinandersetzen musste, um aus diesem Chaos herauszukommen. Ich wehrte mich zutiefst! Und je mehr ich mich wehrte, desto größer wurden unsere Konflikte. Schließlich nahm ich all meinen Mut zusammen und tauchte ein in meine Trauer. Ich lernte auch all die anderen Gefühle kennen, die ich jahrzehntelang verdrängt hatte. Wahrlich keine einfache Aufgabe!

Gott sei Dank war Helen offen und bereit für das Chaos, das entstand, als ich lernte, tiefe Gefühle auszudrücken. Sie wusste, dass ich das schaffen würde, und ihr Vertrauen in mich war äußerst wichtig – da mir selbst das Vertrauen in meine Fähigkeit, gut mit meinen Gefühlen umzugehen, fehlte. Erst dadurch, dass Helen an mich glaubte, konnte ich neues emotionales Terrain erforschen.

Je mehr Mühe ich mir gab, desto größer wurde die Belohnung. Helen sagte mir, wie sehr das Vereinen meines Herzens mit meinem Gehirn meine Weisheit und mein Verstehen vertiefte. Und obwohl das Einlassen auf meine Gefühle zuerst eine große Herausforderung darstellte, gewann ich dadurch unglaublich viel. Mir, Harville, dem preisgekrönten Roboter, kamen plötzlich bei einem atemberaubenden Sonnenuntergang die Tränen, ebenso wenn jemand etwas Liebevolles für mich tat. Bis heute ist es ein Wunder für mich, solche zutiefst wertvolle Momente in meinem Leben zulassen zu können.

Je vertrauter ich mit meinen eigenen Gefühlen wurde, desto leichter fiel es mir auch, anderen nahe zu sein, wenn sie tiefe Gefühle durchlebten. Wenn ich Paare begleitet hatte, war mir dies immer gelungen. Nur bei Helen und unserer Familie bisher nicht. Aber nun änderte sich das grundlegend!

Helens Wachstumsschritt bestand darin, sich strukturierter auszudrücken. Eines Tages formulierte sie den Wunsch: „Ich möchte einen eigenen Computer haben!" Und ich, allzeit bereit logisch zu reagieren (und, um ehrlich zu sein, auch äußerst kritisch zu reagieren), fragte prompt: „Seit wann kannst du denn auf einer Tastatur schreiben?" (Nicht gerade einfühlsam von mir ...) Helen wollte nicht aufgeben und erklärte: „Das kann ich mir wohl selbst beibringen!", und verließ den Raum mit hoch erhobenem Kopf.

Am nächsten Tag kam sie mit einem Laptop nach Hause. Sie blickte einerseits triumphierend und andererseits ziemlich verunsichert. Ehrlich gesagt erschrak ich ein wenig, aber gleichzeitig freute ich mich für Helen und wollte sie unterstützen, wo immer ich nur konnte. Ich begann sofort, ihr dabei zu helfen, ihren neuen Laptop aufzusetzen, und suchte ein Computerprogramm, mit dem sie das Zehn-Finger-System erlernen konnte. Keinem von uns beiden war bewusst, um welchen Durchbruch es sich hier handelte.

Nach drei oder vier Monaten legte sich Helen bereits voll ins Zeug auf ihrem neuen Computer. Als ich sie eines Tages erstaunlich rasch in die Tasten hämmern hörte, fragte ich, was sie denn da schriebe. „Ich habe dir noch nie davon erzählt, Harville", sagte sie. „Aber ich glaube, in mir schlummert ein Buch. Schon meine Mutter wollte ein Buch schreiben, aber sie hat es niemals zu Ende gebracht. Ich weiß zwar nicht, ob es mir gelingen wird, aber ich muss es einfach versuchen." Ich war erstaunt und sehr fasziniert.

Helen war eine unschätzbare Unterstützerin in der Entwicklung der Imago-Theorie und kluge Ratgeberin beim Schreiben meiner Bücher gewesen. Und nun konnte ich Helens Gedanken helfen, in logischer und prägnanter Form schriftlich festgehalten zu werden. Ich liebte es, Helen zu unterstützen. Und ich zweifelte keine Sekunde daran, dass sie ihr Buch zu Ende bringen würde. Als es veröffentlicht wurde, erfüllte es uns beide mit Stolz und Zufriedenheit.

Oft ist es so, dass unser Partner uns das am wenigsten geben kann, was wir am meisten von ihm brauchen würden (und umgekehrt

bedeutet das, dass auch wir ihm das am wenigsten schenken können, was er am meisten von uns brauchen würde). Leider fällt es Erwachsenen relativ schwer, neue Fähigkeiten zu erlernen. Denn etwas Neues zu erlernen, erfordert eine gute Portion Mut.

Also machen Sie sich bitte bereit für eine echte D-e-h-n-u-n-g.

Anfangs werden Sie noch kein tolles Bild abgeben. Und es wird auch nicht angenehm sein.

Das ist das Wesen und Prinzip einer Dehnung.

Wachstum erfordert nämlich, dass beide Partner sich dehnen und in neue Verhaltensweisen hineinwachsen. Wir müssen bisher ungeübte emotionale Muskeln bewegen, die wir noch nie zuvor verwendet haben.

Das Prinzip der Dehnung

Ich arbeitete an meinen Gefühlen. Und Helen arbeitete am logischen Denken und Formulieren. Und jede Woche dehnten wir uns ein weiteres Stück. Ich kann Ihnen gar nicht sagen, wie schwer es uns beiden fiel. Aber Schritt für Schritt machten wir Fortschritte – bis heute. Und je länger wir es tun, desto leichter fällt es uns und desto großartiger fühlt es sich an.

Was als RIESIGER Konflikt begonnen hatte, half uns, essenzielle neue Persönlichkeitsteile „zur Welt zu bringen":

- Mein Wachstum befähigte mich dazu, für jene präsent zu sein, die ich liebe – aber auch für den Rest der Welt, und zwar auf eine Weise, von der ich zuvor nicht einmal hätte träumen können. Ich kam in Verbindung mit jenem jungen und vertrauensvollen Teil in mir, den ich vor der Zeit der Trauer über den Tod meiner Eltern besessen hatte. Und das half mir, mein Herz und meine Gefühle wiederzufinden. Plötzlich konnte ich sowohl mein Herz als auch meinen Intellekt einbringen, wo es darum ging, Vorträge zu halten und Schriftliches zu verfassen.
- Helens Wachstum motivierte sie, noch einmal die Schulbank zu drücken und ihr Doktorat zu machen, Artikel zu schreiben und Bücher zu veröffentlichen. Durch all das lernte sie auf beeindruckende Weise, logisch zu denken und zu formulieren. Für Helen war es nicht nur wichtig, ein Buch zu schreiben, sondern dieses Buch auch ihrer Mutter als Geschenk zu widmen. Bis heute rührt es Helen zu Tränen, wenn sie davon erzählt.

Viele Menschen haben den Eindruck, dass die Phase der romantischen Liebe zu schnell verblasst. Und manche meinen, dass die Konflikte des Machtkampfes zu hartnäckig sind. Machen Sie sich bitte bewusst, dass dieser Kampf ein höheres Ziel hat. Um ihn zu überwinden, müssen Sie die **wahre Botschaft von Konflikten erkennen: Es ist Zeit für Sie und Ihren Partner, sich so zu dehnen, dass Sie neue Persönlichkeitsteile ausbauen können.** Erst wenn Sie den Konflikt als Katalysator anerkennen, können Sie wahrhaft zu jenem Partner werden, den Ihr Partner braucht, und dabei all das entwickeln, was in Ihnen verborgen liegt.

Übung Was ich vermisse und was ich mir wünsche

Als Beginn

1. Schreiben Sie bitte all das auf, was Sie zu Beginn Ihrer Partnerschaft genossen und geschätzt haben und was Sie nun vermissen (siehe Liste „Was ich vermisse und was ich mir wünsche“ im Übungsteil).

2. Dann schreiben Sie bitte etwas auf, nach dem Sie sich in Ihrer Partnerschaft schon lange sehnen – und das Ihnen ein Gefühl schenkt, das Sie vielleicht noch nie zuvor hatten.

Für die nächste Zeit

Nennen Sie nun abwechselnd Punkte von Ihren beiden Listen. Dabei werden sicherlich auch schöne Erinnerungen auftauchen – erzählen Sie Ihrem Partner/Ihrer Partnerin davon! Wenn einer Ihrer Wünsche beispielsweise lautet, mehr gemeinsame Reisen zu machen, könnte die Erinnerung an eine wunderschöne Reise aufkommen, die Sie in der Anfangszeit Ihrer Partnerschaft gemeinsam unternahmen. Wenn Sie sich gemeinsam daran zurückerinnern – am besten zärtlich aneinandergeschmiegt auf dem Sofa – wird Ihr Gehirn das Liebeshormon Oxytocin freisetzen, das für die wunderschönen Gefühle während jener Reise in der romantischen Phase Ihrer Partnerschaft zuständig war.

Sie können auch gemeinsam eine Liste mit allen Visionen erstellen, die Sie in Ihrer Partnerschaft verwirklichen wollen – und diese Liste auf dem Kühlschrank aufhängen. Manches werden kleine Punkte sein (wie zum Beispiel öfter zärtlich zueinander zu sein oder regelmäßig Freunde einzuladen), andere können durchaus größere Vorhaben sein (wie eine zweite Hochzeitsreise zu machen). Wenn Sie Wünsche für Ihre Partnerschaft immer wieder vor sich sehen, wird Sie das erinnern, Ihre Priorität auf das Verwirklichen dieser Wünsche zu legen.

Zur Erinnerung

Indem Sie sich dehnen, um Ihrem Partner/Ihrer Partnerin zu schenken,
was er oder sie wirklich braucht,
entwickeln Sie selbst wichtige neue Fähigkeiten.

Erkenntnis 4

Wirklich präsent zu sein schenkt Heilung

Helen

Und nun (Trommelwirbel) kommen wir zum Kern des universalen Geheimnisses von Partnerschaft. Wenn wir die Energie unserer Konflikte in neues Wachstum verwandeln und uns erlauben, dem wahren Aufruf von verbindlicher Partnerschaft zu folgen, dann passiert etwas höchst Erstaunliches. **Sie schenken Ihrem Partner Heilung – und er schenkt Ihnen Heilung.** Wenn Sie beginnen, Ihrem Partner auf ganz neue Weise zuzuhören, werden Sie eine wichtige Erkenntnis gewinnen: **Die Bedürfnisse Ihres Partners sind der beste Plan, die beste Vision für Ihre eigene Heilung und Ihr eigenes Wachstum – und Ihre Bedürfnisse wiederum stellen den perfekten Wachstumsplan für Ihren Partner dar.**

Es gibt ein altes Ehemodell – hier versuchten beide Partner mit Hilfe von Ellbogentechnik im Mittelpunkt zu stehen. Jeder erwartete, dass der andere seine Aufmerksamkeit *auf ihn* richten und *seine Bedürfnisse erfüllen sollte*. Dieses Modell kann aber nicht funktionieren. Inzwischen hat sich eine neue Lebensweise stärker durchgesetzt: die partnerschaftliche Ehe oder Partnerschaft. Dieses Modell bezieht sich nicht auf Sie selbst – oder auf Ihren Partner. Das partnerschaftliche Modell bezieht sich auf etwas, das größer ist als beide Partner. Seine Vision besteht darin, dass Sie einander helfen, zu reifen Erwachsenen zu werden. Das gegenseitige Heilen der Kindheitsverwundungen ist der Kern dieses Prozesses.

Wenn ich dir schenke, was du brauchst, finde ich Heilung

Herauszufinden, wie die Vision des Partners für Heilung aussieht, lässt sich mit einem Tanzschritt vergleichen, der jeweils aus vier Schritten besteht. Sie und Ihr Partner müssen: (1) einander helfen, Ihre Verwundungen zu benennen; (2) offen sagen, was Sie brauchen, um Heilung zu finden; (3) sich dehnen, um die Bedürfnisse des Partners erfüllen zu können; und (4) immer umfassender und kompetenter in die Rolle hineinwachsen, dem anderen Heilung zu schenken

Bei den ersten zwei Schritten dieses „Tanzes" waren mir entscheidende Fehler unterlaufen. Erinnern Sie sich noch daran, wie stolz ich war, Harville besser zu kennen als er sich selbst? Das bedeutete, dass ich ihm immer wieder die FALSCHEN Sachen schenkte, nämlich solche, die keine Heilwirkung auf seine Kindheitsverwundungen hatten. Eines Tages kam ich endlich zu der Erkenntnis, dass ich aufhören sollte, Vermutungen darüber anzustellen, was Harville brauchte, sondern ihn lieber selbst *fragen* sollte. Als ich meinen Schildkröten-Ehemann zum ersten Mal fragte, was er brauchte, meinte er, er wisse es nicht, also solle ich nicht fragen. Harville wollte keine komplizierte oder missmutige Antwort geben, und die Schildkröte in ihm fühlte sich noch nicht sicher genug, um aus ihrem Panzer zu kommen und es mir zu sagen.

Also machte ich ihm keinen Druck. *Ich bemühte mich stattdessen, seine Antwort voll und ganz anzunehmen und ihm das Gefühl zu geben, dass er sicher bei mir war* – damit er mir eines Tages erzählen konnte, was er brauchte. Und dann verzichtete Harville tatsächlich auf seine Schutzmuster, erkannte, was er brauchte, und wagte es mir zu erzählen. Harville erklärte mir, dass ich damit aufhören sollte, Essen für ihn zuzubereiten, wenn er noch nicht einmal Hunger verspürte, und dass ich am Morgen keine Kleidung für ihn bereitlegen brauchte. Was er sich wirklich wünschte, war, dass ich gefühlsmäßig *präsent* für ihn sein sollte. Und ihm wirklich *zuhören* sollte.

„Gefühlsmäßig präsent zu sein" mag relativ einfach klingen. Es bedeutet aber, dem Partner auf fürsorgliche und offene Weise seine ganze Aufmerksamkeit zu schenken – und wirklich zuzuhören, was er denkt und fühlt. Jemand ist noch lange nicht präsent, nur weil er sich im selben Raum befindet.

Für jemanden gefühlsmäßig wahrhaft präsent zu sein ist ein großes Geschenk. Das zu erlernen war äußerst anstrengend für mich. Auch meinen Eltern war das in meiner Kindheit nicht gelungen. Ganz präsent zu sein für Harville bedeutete, dass ich mein Tempo verlangsamen und bereit werden musste, seine Gedanken besser kennenzulernen.

Harville fand es verwirrend, zu lernen, mehr wie ein Hagelsturm zu sein, erinnern Sie sich? Aber er schaffte es – und zwar so: Ich machte Harville Vorwürfe, wie ein Roboter zu sein. (Um ehrlich zu sein, VIELE Vorwürfe!) Dann erkannte ich, dass *diese* Vorgangsweise uns nicht weiterhalf. Also verlangsamte ich mein Tempo. Anstatt zu HANDELN und ständig etwas zu TUN, arbeitete ich daran, mehr innere Ruhe und Gelassenheit zu entwickeln.

Und dann – Hurra! – kam Harville plötzlich aus seinem Schildkrötenpanzer hervor. Endlich brachte er seine Gefühle zum Ausdruck, wie ich immer gefordert hatte. Aber zu meiner Überraschung (und zu meinem großen Erschrecken!) waren seine vorrangigen Gefühle Ärger und Verbitterung. „Hoppla!", dachte ich bei mir, „vielleicht war es doch keine so gute Idee, ihn nach seinen Gefühlen zu fragen."

Dann jedoch erinnerte ich mich daran, dass der größte Teil von Harvilles Ärger mit seiner Kindheit zu tun hatte. Das half mir, ruhiger zu werden, sodass ich Harvilles Gefühle besser akzeptieren konnte. Ich wusste, einer meiner Wachstumsschritte bestand darin, zu lernen, so beständig wie eine Schildkröte zu werden. Ich musste in seiner Gegenwart sicher, stark und ruhig erscheinen – selbst wenn er voll Ärger war.

Schon bald löste sich Harvilles Ärger auf. An seine Stelle trat die Dankbarkeit dafür, dass ich bereit war, angesichts *all* seiner Gefühle präsent zu sein, ohne mich zu verteidigen. Bald darauf kamen Harvilles Liebesgefühle an die Oberfläche. (Wenn ich daran denke, werde ich rot wie ein verliebter Teenager ...) Unsere Partnerschaft, die so schrecklich anstrengend gewesen war, schenkte uns nun wunderbare Gefühle. Wir fühlten uns wie im Märchen.

Aufgrund meiner Kindheitsverletzungen hatte ich mein ganzes Leben nach dem Motto *„Für andere da sein"* ausgerichtet. Es war total ANSTRENGEND gewesen. Trotzdem war es fast genauso anstrengend, das zu verändern und einfach nur zu hören, was der andere sagt. Aber je mehr ich mich darauf konzentrierte, Harville besser zuzuhören und wirklich präsent für ihn zu sein, desto leichter fiel es mir. Und schließlich stellte sich heraus, dass das wesentlich einfacher war, als ständig zu überlegen, was er vielleicht gerade wollte. Ich hörte auf, Dinge für ihn zu tun, noch bevor er mich darum gebeten hatte. Was für ein Glück: Es war wirklich erleichternd für mich.

Und noch etwas höchst Verwunderliches geschah.

Während ich lernte, ganz für Harville präsent zu sein, wurde ich auch offener und wachsamer für meine eigenen Gefühle. Die förderliche Atmosphäre, in der die wahre Liebe wachsen konnte, bewirkte, dass ich auch meine eigenen Gefühle bewusster erkannte.

Es stellte sich heraus, dass Harville und ich genau dieselbe Kindheitsverwundung erlitten hatten: im Stich gelassen zu werden. Keiner von uns beiden hatte Bezugspersonen in seiner Kindheit gehabt, die wirklich präsent für ihn waren. Aber wir brachten unsere Verwundungen auf gegensätzliche Weise zum Ausdruck. Harville vergrub seine Gefühle tief in seinem Inneren, wodurch es ihm schwerfiel, gefühlsmäßig wirklich für andere da zu sein. Und ich war zerrissen von dem Versuch, für jeden Menschen gefühlsmäßig präsent zu sein.

Das ist der Kern und die Berufung einer verbindlichen und bewussten Partnerschaft: dem Ruf zu folgen, einander Heilung zu schenken. Das bedeutet, dass Sie um jeden Preis vermeiden müssen, einander erneut zu verletzen – damit Sie die besten Fürsprecher füreinander werden können. Das braucht einen sehr starken Willen und es ist eine Kunst – eine Ehre – und eine heilige Pflicht.

Sicherheit zwischen den Partnern schaffen

Der Schlüssel für diese Verwandlung ist Sicherheit. Sich wirklich sicher zu fühlen bedeutet, in einer Partnerschaft zu leben, in der Sie sich weder verletzt, noch kritisiert, noch herabgewürdigt fühlen. Sobald Partner sich nicht sicher fühlen, verwenden sie ihre Schutzmuster. Dann leben sie genau genommen nicht mit ihrem Partner zusammen, sondern mit dessen *Schutzmustern*. Wenn Sie Ihrem Partner das Gefühl völliger Sicherheit schenken, wird er seine Schutzmuster bald ablegen und freudig auf Sie zukommen. Nur dann kann Ihr Partner jene Entwicklungsarbeit vollbringen, die er tun muss.

Deshalb ist das Wort Sicherheit wie ein roter Faden, der sich durch dieses Buch zieht. **Heilung kann nur in einer sicheren Umgebung stattfinden.** Ohne Sicherheit kann es keine Heilung geben.

Wie kann man Sicherheit schaffen? Hier ein paar Gedanken zu diesem Thema.

Viele Menschen denken folgendermaßen über Partnerschaft: Wenn es Probleme gibt, hilft es nur, einen oder beide Partner zu „reparieren". Und so suchen sie einen Therapeuten auf. Oder sie kaufen ein Buch, das die Frage erläutert, wie ein Partner „repariert" werden kann (meist denkt man, es sei *der andere*). Dies beruht auf der Annahme, dass die beiden Individuen in einer Partnerschaft gesund werden müssen, um eine gesunde Beziehung zu führen.

Harville und ich stellten diese Annahme auf den Kopf. Wenn es in einer Partnerschaft Probleme gibt, so sollten die Partner sich unserer Ansicht nach *auf die Heilung der Partnerschaft konzentrieren anstatt auf die eigene Heilung*. Wir würden noch einen Schritt weitergehen und behaupten, **der beste Weg, um eine Partnerschaft zu heilen, besteht darin, nicht die beiden Menschen zu „reparieren", sondern den Zwischenraum in der Partnerschaft.** Ein spannender Gedanke, nicht wahr?

Der sogenannte „Paar-Zwischenraum"

Was genau ist nun der Zwischenraum in einer Partnerschaft? Er wurde in jenem Moment geboren, als Sie sich aufeinander einließen. Den Zwischenraum können Sie mit einem Energiefeld vergleichen, das den Raum zwischen Ihnen beiden erfüllt.

Es wäre durchaus möglich, dass Sie bei diesem Vorschlag ähnlich erstaunt blicken wie viele Paare in unseren Workshops. Manche sind äußerst skeptisch. Manche meinen, wir hätten nicht alle Tassen im Schrank. Und wieder andere behaupten beharrlich: „Da gibt es nichts zwischen mir und meinem Partner – außer LUFT natürlich."

Vielleicht scheint es auch Ihnen so, als ob es da nichts gäbe zwischen Ihnen beiden. Aber da ist etwas.

Denken Sie nur an den Weltraum. Unser Universum ist voll von Sternen, Planeten, Meteoriten und Kometen. Und zwischen all diesen kosmischen Körpern ist Raum, sehr viel Raum sogar. Sehr viel LEERER Raum, denken Sie?

Eine falsche Annahme.

Lange Zeit dachten wir Menschen, dass dieser Raum im Weltall leer ist. Aber die Astronomie hat bewiesen, dass der Raum zwischen den Planeten keineswegs leer ist. Er ist erfüllt von Anziehungskraft und Energiefeldern, die die Planeten in ihren Umlaufbahnen halten.

Ähnlich ist es mit dem Raum zwischen Ihnen und Ihrem Partner. Er ist wie ein kosmisches Energiefeld, das Sie beide in Ihrer Partnerschaft unterstützt. So wie die physikalischen Gesetze ein Teil der physischen Welt sind, glauben wir, dass eine andere Art von physikalischen Gesetzen den Zwischenraum zwischen Ihnen und Ihrem Partner beeinflusst.

Die Physik Ihres Paar-Zwischenraumes

Jedes Wort, jeder Tonfall und jeder Blick beeinflusst Ihren Zwischenraum. Auch die Kommunikation der Körpersprache (die nonverbalen Signale) tragen zu diesem Energiefeld bei.

Es gibt Zeiten, wo Sie und Ihr Partner sich gegenseitig angenommen fühlen. Die Luft ist gut. Sie können einander „gut riechen". Ihr Zwischenraum ist mit Liebe erfüllt.

Und dann gibt es Zeiten, wo alles belastend ist. Es herrscht dicke Luft. Überall Spannungen. Das sind die Zeiten, wo Ihr Zwischenraum von Konflikten erfüllt ist. Der Zustand Ihres Zwischenraumes entscheidet, wie sicher Sie und Ihr Partner sich in der Anwesenheit des anderen fühlen. Und so wollen wir Ihnen ein sogenanntes Mantra sagen (wie es auch Yogalehrer nennen) – einen Satz, den Sie am besten unzählige Male pro Tag wiederholen. Schreiben Sie ihn auf jeden Spiegel in Ihrem Haus. Sagen Sie ihn zehn Mal zu sich selbst, mehrmals täglich.

Hier ist unser Mantra:

In unserem Zwischenraum gibt es KEINE Vorwürfe, keine Anschuldigungen und KEINE Kritik!

Kritik, Vorwürfe und Anschuldigungen sind wie Gift. Sie verschmutzen und vergiften Ihren Zwischenraum, sie bringen die Verbindung zu Ihrem Partner zum Rosten. Ihr Ziel ist es jedoch, den Zwischenraum sicher zu machen. Das bedeutet, den Partner in jeder Situation zu lieben und sich in ihn hineinzuversetzen. Ja wirklich, in JEDER Situation. Wenn Ihr Partner schöne und glückliche Gefühle hat, *aber auch* wenn er weniger schöne hat. Als Harville lernte, mir das zu schenken, war ich zutiefst erstaunt.

Mein Leben lang hatte ich immer die Botschaft erhalten, dass nur jene Menschen Liebe verdient hätten, die nett und hilfsbereit waren. Dann kam eine Phase, in der ich durch Stress zu einer echten Furie wurde. Und Harville wuchs über sich hinaus. Anstatt mein Verhalten zu kritisieren, war er verlässlich und liebevoll für mich da. Es war einfach großartig

Und eines Tages erwachte ich und ERKANNTE mich plötzlich: „Es gibt so viele Punkte, an denen ich arbeiten sollte, um ein liebevollerer Mensch zu werden. Das wird von nun an meine Priorität sein!" Zu dieser Einsicht konnte ich erst gelangen, als Harville mich nicht mehr kritisierte. Nur durch seine liebevolle Präsenz fühlte ich mich sicher genug für eine kritische Selbstbetrachtung. Wenn zwei Menschen den Zwischenraum zwischen ihnen beiden in einen wahrhaft *heiligen* Raum verwandeln, dann kann tatsächlich Heilung stattfinden.

Mit „heiligem Raum" meinen wir einen Raum, der absolut heilig ist. Dieser Zwischenraum mag zwar aussehen wie gewöhnliche Luft. Aber behandeln Sie ihn *niemals* „gewöhnlich"! Ihre Partnerschaft muss die wichtigste Sache der Welt für Sie sein. Verletzen Sie den Zwischenraum Ihrer Partnerschaft **niemals**! Und sehen Sie ihn als wahrhaft heiligen Boden an!

So können Sie wahre Liebe verwirklichen. Sie schenkt uns das Gefühl, endlich „nach Hause" zu kommen – und ruht auf den beiden Fundamenten „Vertrauen" und „Zusammenhalt".

Wahre Liebe ist wie „nach Hause" kommen.

Und all das wäre nicht möglich, würden wir nicht eine Verbindung mit jemandem eingehen, der die Verwundungen unserer Eltern neuerlich in uns wachruft.

Wir alle wurden in Beziehung verletzt. *Und nur in Beziehung können wir Heilung finden.* Deshalb sollten wir der Berufung folgen, unserem Partner Heilung zu schenken.

Alles hängt davon ab, wie Sie Ihren Zwischenraum gestalten.

Übung Frühjahrsputz für unseren Paar-Zwischenraum

Als Beginn

1. Schreiben Sie im Übungsteil auf der Seite „Unser Paar-Zwischenraum" in die beiden kleinen Kreise in den Ellipsen der Abbildung den Vornamen Ihres Partners/Ihrer Partnerin sowie Ihren eigenen Vornamen.

2. Dann schreiben Sie in die obere Ellipse so viele Gedanken, Gefühle und Verhaltensweisen wie möglich, die Sie positiv in Ihrem Zwischenraum erleben – all das, was GROSSARTIG ist. Diese Dinge bringen Sicherheit, Verbundenheit und/oder Leidenschaft mit sich: Respekt, Liebe, gemeinsame Elternschaft, liebevolle Verabredungen mit dem Partner/der Partnerin ...

3. Schreiben Sie in die unten abgebildete Ellipse so viele Gedanken, Gefühle und Verhaltensweisen wie nur möglich, die Sie negativ in Ihrem Zwischenraum erleben – all das, was BELASTEND ist. Diese Dinge bringen Zweifel, inneren Abstand oder Ärger mit sich: Misstrauen, Kritik, fehlende Nähe, fehlender Humor ...

Für die nächste Zeit

Tauschen Sie mit Ihrem Partner/Ihrer Partnerin aus, wie er/sie dazu beiträgt, was in Ihrer Partnerschaft *großartig* ist. *(Zum Beispiel: „Das Beste, das du in unseren Zwischenraum einbringst, ist ...")* Und fahren Sie fort, indem Sie aufzählen, wie *Sie* zu den Belastungen beitragen. *(Zum Beispiel: „Ich habe den Eindruck, ich trage zu unseren Belastungen bei, indem ich ...")* Zum Schluss überlegen Sie bitte gemeinsam, wie Sie beide das Großartige in Ihrer Partnerschaft verstärken und die Belastungen immer weiter reduzieren können, um Sicherheit in Ihrem Zwischenraum zu schaffen und ihn in einen heiligen Raum zu verwandeln.

Zur Erinnerung

Eines der schönsten und essenziellsten Dinge in unserer Partnerschaft ist die Berufung, einander Heilung zu schenken.
Und das bedeutet:
KEINE Vorwürfe, KEINE Anschuldigungen und KEINE Kritik im Paar-Zwischenraum!

Erkenntnis 5

Nicht WAS du sagst, zählt, sondern WIE du es sagst

Helen

Bevor wir unsere Berufung verwirklichen können, einander Heilung zu schenken, müssen wir einen neuen Weg erlernen, miteinander zu reden. Was bedeutet „alter Weg" in diesem Zusammenhang? So zu reden, wie Menschen seit Beginn der Menschheit miteinander kommuniziert haben: in Monologen. Eine Person spricht, aber niemand hört ihr wirklich zu.

Wenn Paare auf diese Weise miteinander reden, könnte man es als Parallel-Monolog bezeichnen. Zwei Menschen reden. Keiner von beiden hört wirklich zu.

Als Harville und ich einander kennenlernten, war unsere Kommunikation durch parallele Monologe geprägt. Wir hatten viele gemeinsame Interessen. Die Anfangszeit unserer Beziehung war erfüllt von leidenschaftlichen Gesprächen. Viele waren aufregend. Wir hatten aber auch heiße Auseinandersetzungen. Wir sind beide sehr starrköpfig. Wir lieben es zu diskutieren. Und oft ertappten wir uns dabei, dass wir beide zur gleichen Zeit sprachen – besonders, wenn wir gegensätzliche Meinungen vertraten. Mit der Zeit frustrierte uns das immer stärker.

Also sagte ich eines Tages zu Harville: „Könnten wir bitte abwechselnd sprechen?"

Nach einer kurzen Schrecksekunde antwortete er: „Ja, warum eigentlich nicht?"

Und das Ergebnis? Gemeinsam hatten wir das entwickelt, was wir später die Methode des Imago-Dialoges nannten. Man muss einen Mann einfach lieben, der auf eine simple Bitte hin eine neue und revolutionäre Art der Kommunikation entwickelt! Ich erkannte schon früh, dass es ohne Zweifel von Vorteil ist, in einen Paar-Therapeuten verliebt zu sein.

Was das Thema der Kommunikation betrifft, so belohnt unsere Kultur jene, die lauter reden als die anderen. In fast jeder Schule gibt es Diskussions-Klubs. Dort werden jene Schüler bewundert, die ihre Gedanken klar und überzeugend vorbringen können. Menschen, die ihre Ansichten gut vermitteln können, bringen es meist weit im Leben.

Wenn uns etwas belastet, sollen wir darüber reden, so sagt man. Die Psychologie wurde ursprünglich „Heilung durch das Gespräch" genannt. In gewisser Hinsicht wurzelt Heilung stets darin, dass zwei Menschen miteinander reden. Was die meisten dabei aber übersehen, ist die große Bedeutung des Umstands, WIE sie miteinander reden. Auch ein weiteres kleines Detail wird oft vergessen: Wenn einer von beiden spricht, muss der andere WIRKLICH ZUHÖREN.

Unsere Kultur belohnt das Zuhören nicht. Deshalb ist unsere Fähigkeit anderen zuzuhören sogar in guten Zeiten ein wenig eingerostet. In schlechten Zeiten aber – beispielsweise mitten im Machtkampf – ist diese Fähigkeit fast gänzlich verloren gegangen. Es geht nur mehr darum, wer seine Forderungen lauter vorbringt (Hagelsturm) und/oder wer seinen Partner länger ignorieren und zappeln lassen kann (Schildkröte).

Während des Machtkampfes verflüchtigt sich unsere Fähigkeit gut zuzuhören.

Der Dialog verändert all das. Während der Machtkampf die Verbundenheit zerstört, stellt der Dialog neue Verbundenheit her und vertieft sie. **Der Dialog ist eine strukturierte Art des Redens und Zuhörens, die Verbundenheit zwischen Ihnen und Ihrem Partner schafft.** Diese Verbundenheit ermöglicht das Heilen Ihrer Kindheitsverwundungen. Zuerst wird es sich noch seltsam anfühlen. Aber diese Methode hilft Ihnen und Ihrem Partner, mehr über die Bedürfnisse des anderen zu erfahren und zu lernen, wie Sie diese wertschätzen können.

Die entscheidende Fähigkeit dazu haben Sie bereits im Kindergarten erlernt: (1) Wechseln Sie sich ab und (2) unterbrechen Sie den anderen nicht. Einer von Ihnen spricht, während der andere zuhört. Und dann wechseln Sie die Rollen. Das klingt einfach. Aber es ist derart anders als das, was die meisten Menschen tun, dass es sehr wichtig ist, es zu üben.

Der Dialog besteht aus drei Schritten: Spiegeln, Geltenlassen und Einfühlen. Bevor Sie damit beginnen, entscheiden Sie und Ihr Partner, wer der Sender sein wird (jener, der spricht) und wer der Empfänger sein wird (jener, der zuhört). Da der Sender die volle Aufmerksamkeit des Empfängers haben möchte, empfehlen wir, um eine Verabredung zu bitten und den Empfänger zu fragen: „Wärst du jetzt bereit für einen Imago-Dialog?"

Wir wissen natürlich, dass es etwas steif klingt und sich seltsam anfühlt, auf diese Weise mit Ihrem Partner zu reden. Aber es gibt einen Grund dafür, dass wir Ihnen ans Herz legen, genau diese Worte zu verwenden. Wenn Ihr Partner und Sie mit dem Dialog vertrauter werden, wird bereits diese Frage alleine genügen, um Ihrem Partner eine gute „Erdung" und gute Absicht zu schenken (und ihn bereit für einen Dialog zu machen).

Wenn Sie Ihren Partner um Zeit für einen Imago-Dialog bitten und der Zeitpunkt gerade nicht gut für ihn scheint, kann er sagen: „Zur Zeit geht es leider nicht." Von da an ist es jedoch seine Aufgabe, einen anderen Zeitpunkt dafür vorzuschlagen.

Wenn der Empfänger sich bereit fühlt, wird er mit „Ja" antworten. Mit „bereit" meinen wir, dass der Empfänger den Eindruck hat, er kann Achtsamkeit und Interesse für das aufbringen, was der Sender sagen will.

Beginnen Sie bitte jeden Dialog mit dieser respektvollen Haltung.

Um mit der Methode des Imago-Dialoges vertraut zu werden, empfehlen wir, dass Ihr Partner und Sie zu Beginn austauschen, was Sie aneinander schätzen. Wir nennen dies „Einander Wertschätzung schenken." Auf uns beide wirkte sich das wie ein Zauber aus. Wir schenken einander nun jeden Tag Wertschätzungen und möchten es Ihnen sehr empfehlen, das ebenfalls zu tun. Wenn Sie beide einige Übung darin haben, im Dialog Wertschätzungen auszutauschen, dann werden Sie dafür bereit sein, diese Methode auch für schwierigere Themen anzuwenden. Hier eine Erklärung der drei Schritte:

Schritt 1: Spiegeln

Der Sender beginnt damit, eine Botschaft zu senden – und zwar mit der **Verantwortung des Senders.** Das bedeutet, dass es in der Verantwortung des Senders liegt, seine Botschaft klar und freundlich zu senden. Das erhöht die Chance, dass der Partner sie hören wird. Dann spiegelt der Empfänger. Das bedeutet, er wiederholt, was er gehört hat – und verwendet dabei exakt dieselben Worte wie der Sender.

Der Sender kann beispielsweise sagen: „Ich möchte dir erzählen, was ich vor kurzem sehr an Dir geschätzt habe: Als wir letzten Freitag zum Essen verabredet waren, kamst du pünktlich. Das hat mir wirklich viel bedeutet – es schenkt mir das Gefühl, dass dir die Zeit mit mir wichtig ist." Der Empfänger würde antworten: „**Ich möchte sehen, ob ich dich gehört habe.** Ich habe etwas getan, das du wirklich an mir geschätzt hast. Als wir letzten Freitag zum Essen verabredet waren, kam ich pünktlich. Das hat dir wirklich viel bedeutet. Es schenkt dir das Gefühl, dass mir die Zeit mit dir wichtig ist. **Habe ich dich gehört?**"

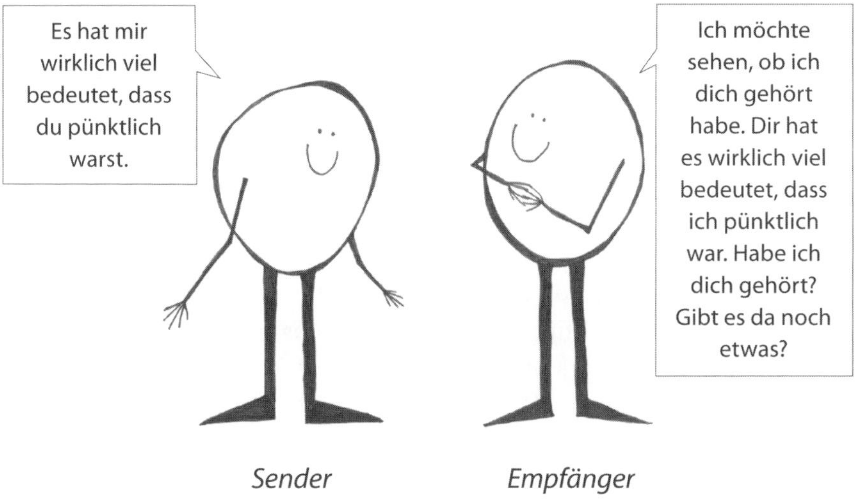

„Ich möchte sehen, ob ich alles gehört habe" und **„Habe ich dich gehört?"** sind Schlüsselsätze. Sie wollen sich vergewissern, dass Sie sehr genau gehört haben, was Ihr Partner sagte. Verändern Sie seine Worte nicht im Geringsten. Bringen Sie keine eigenen Reaktionen ins Spiel. Selbst wenn Ihr Partner etwas Falsches sagt – wenn sie beispielsweise letzten Samstag ausgegangen waren und nicht Freitag – *seien Sie nachsichtig*. Details dieser Art sind nicht ausschlaggebend. Ihre vorrangige Aufgabe besteht darin, dem Sender das Gefühl zu schenken, dass Sie seine Worte akzeptieren.

Falls Ihnen diese Art des Dialoges am Anfang seltsam vorkommt, machen Sie sich keine Sorgen. Anderen Menschen geht es ganz ähnlich. Zu Beginn beklagen sich die meisten darüber. Aber wenn Sie erst eine Zeit geübt haben, geschieht oft etwas Großartiges. Ihr Partner wird sich tief berührt fühlen, wenn er die Erfahrung machen kann, dass Sie seine Worte zurückspiegeln.

Wenn der Sender bestätigt, dass der Empfänger seine Worte korrekt gespiegelt hat, fragt der Empfänger: **„Gibt es da noch etwas?"** Ihr Partner wird freudig überrascht sein. Vermutlich wurde ihm diese Frage noch nie zuvor in seinem Leben gestellt. Meist bekam er stattdessen zuhören:

„Wann bist du endlich fertig mit deinem Wortschwall?"

Der Empfänger stellt also die magische Frage: **„Gibt es da noch etwas?"** Und der Sender könnte antworten: „Ja, tatsächlich, ich möchte dir nämlich sagen, wie sehr mich das berührt. Sowohl mein Vater als auch meine Mutter waren in meiner Kindheit permanent beschäftigt. Und wenn sie zu einer Schulaufführung oder Ähnlichem kommen sollten, um mir zuzusehen, kamen sie meist zu spät. Ich konnte mich nie auf sie verlassen und wurde wahnsinnig oft enttäuscht. Ich weiß, dass du ebenfalls sehr viel zu tun hast. Das trifft für uns beide zu. Aber ich versuche mein Bestes, um unsere gemeinsame Zeit vor Stress zu bewahren, und ich schätze es sehr, wenn du das auch tust. So bekomme ich das Gefühl, geliebt zu sein, anstatt immer wieder enttäuscht zu werden wie in meiner Kindheit."

Und vergessen Sie nicht, die Frage „Gibt es da noch etwas?" tatsächlich zu stellen. Es ist eine außergewöhnliche Frage. Sie zeigt dem Partner, dass Sie sich für ihn interessieren. Dadurch kann der Partner sich sicher fühlen und Ihnen tiefere Dinge anvertrauen. Und wenn der Sender das macht, spiegelt der Empfänger auch jene Antwort des Senders auf die Frage „Gibt es da noch etwas?"

Sollte der Sender sagen, dass er sich durch das Spiegeln gut gehört fühlt, gratulieren wir herzlich! Sie haben den ersten Schritt des Imago-Dialoges großartig gemeistert!

Schritt 2: Geltenlassen

Nun lässt der Empfänger die Worte des Senders gelten. Geltenlassen bedeutet, dass Sie die Perspektive Ihres Partners einnehmen. Als Empfänger bringt man das durch die einfachen Worte zum Ausdruck: **„Was du sagst, macht Sinn."**

Das bedeutet nicht, dass Sie als Empfänger notwendigerweise dem zustimmen, was Ihr Partner gesagt hat (obwohl Sie ihm natürlich zustimmen können). *Das Ziel des Dialoges ist weder Einigung noch Übereinstimmung.* Aus der persönlichen Perspektive haben die Worte jedes Menschen tiefen Sinn. Jeder von uns sieht die Welt schließlich aus einer unterschiedlichen Perspektive. Wenn Sie sich aber Zeit nehmen, Dinge vom Standpunkt Ihres Partners aus zu betrachten, dann werden Sie erkennen, dass *seine Sichtweise wirklich Sinn macht.*

Geltenlassen ist ein sehr wichtiger Schritt. Man darf ihn aber nicht mechanisch setzen. Mit anderen Worten, es ist entscheidend, dass der Empfänger absolut ehrlich ist, wenn er sagt: „Was du sagst, macht Sinn." Wenn Sie als Empfänger die Meinung Ihres Partners gelten lassen, schenken Sie ihm dadurch die Botschaft: „Du hast das Recht, so zu fühlen und so zu denken, wie du es tust." Da Sie schließlich nicht mit sich selbst verheiratet sind oder zusammenleben sondern **mit einem anderen Menschen**, hat Ihr Partner *tatsächlich* dieses Recht.

Das Schöne daran ist, dass auch Ihr Partner bald in der Rolle des Empfängers sein wird. Und das bedeutet, dass er *Ihre* Welt betritt, *Ihre* Worte spiegelt, gelten lässt und sich in *Ihre* Sichtweise einfühlt.

Die meisten von uns glauben, nur unsere eigene Ansicht ist die richtige – und dafür möchten wir kämpfen, bis wir sterben! Das Problem ist, dass diese Vorgangsweise gewissermaßen wirklich zum Tod führt – sie tötet Ihre Verbundenheit mit dem Partner. Immer wieder fragen wir Paare, die wir begleiten: „Wollen Sie recht behalten oder wollen Sie Ihre Partnerschaft behalten?" Denn man kann nicht immer beides haben. Nach einem harten Tag kann man mit einem Partner Zärtlichkeiten austauschen – das Gefühl, recht zu haben, ist hingegen kein zärtliches Gegenüber.

Schritt 3: Einfühlen

Und nun ist der Zeitpunkt gekommen, wo der Empfänger sich in den Sender einfühlt, indem er ein oder zwei Gefühle vorschlägt, die seiner Meinung nach den Gefühlszustand des Senders beschreiben. Wenn Sie dies versuchen, denken Sie daran, **dass es vier menschliche Grundgefühle gibt, nämlich Freude, Trauer, Angst und Wut. Alle anderen Gefühle sind Abwandlungen dieser vier Grundgefühle.** Sie müssen also kein Synonymwörterbuch befragen, nennen Sie einfach eines dieser Grundgefühle. Danach fragen Sie Ihren Partner, ob Sie sich gut in seine Gefühle hineinversetzt haben. Hier ein kurzes Beispiel:

Zum Beispiel könnte der Empfänger sagen: „Ich habe gehört, wie enttäuscht du warst, dass deine Eltern dich oft zu spät abgeholt haben, und deshalb kann ich mir vorstellen, dass du dich wirklich freust, wenn ich pünktlich komme, und dass dir das viel bedeutet. Ist es dieses Gefühl?" Und wenn der Empfänger es richtig gehört hätte, würde der Sender sagen: „Ja, genau so fühle ich mich."

Erkennen Sie schon, wie es funktioniert? Es ist immer hilfreich zu sagen: **„Jeder von uns hat Kindheitsverwundungen ... und der Zweck unserer Ehe bzw. Partnerschaft besteht darin, diese Wunden zu heilen."**

Durch den Dialog werden die schmerzlichen Erinnerungen und Gefühle wieder wach, die tief in uns verborgen liegen. Wenn wir sie zusammen mit einem liebenden Partner, der uns zuhört und sich in unsere Gefühle hineinversetzt, neuerlich durchleben, schenkt er uns Heilung. Es macht einen großen Unterschied, ob uns jemand bewertend zuhört oder mit Einfühlsamkeit.

Aber wer hat so viel Zeit?

Anfänglich kann sich der Dialog etwas steif und formell anfühlen. Oft hat man auch den Eindruck, dass er viel Zeit benötigt.

Der Imago-Dialog hat gar nicht die Absicht, rasch vor sich zu gehen. Um zu entdecken, wer Ihr Partner wirklich ist und auf welche Art Sie beide verwundet wurden, müssen Sie das Tempo reduzieren. Das wichtigste Ziel des Dialoges besteht daher genau darin, *Ihr Tempo zu verlangsamen.*

Zu Beginn kann der Dialog frustrierend sein. Sie werden versuchen, Ihrem Partner zu erklären, wie *Sie* sich fühlen. Und ihm zuhören, wie *er* sich fühlt. Sie werden versuchen herauszufinden, *welche Bedürfnisse* er hat. Aber während Sie sich redlich anstrengen, die richtigen Schritte zu setzen, wird sich plötzlich eine Tür in Ihrer Partnerschaft öffnen. Es kann sich anfühlen wie die Sonne, die ihre Strahlen durch die Wolken schickt. Ihre Ängste werden kleiner und Sie beginnen, Verbundenheit zu fühlen. Auch wenn Sie an einen Punkt gelangen, wo Ihre Gedanken oder Gefühle völlig von jenen Ihres Partners abweichen. Mit dieser offenen und einfühlsamen Haltung werden Sie wachsen und Ihren Partner viel tiefer verstehen. Dann können Sie Ihre Partnerschaft als wunderschön und zutiefst erfüllend erleben.

Wenn der Anreiz dafür, sich Zeit für Dialoge zu nehmen, nicht stark genug ist, können Sie auch an die Alternativen denken. Wie viel Zeit braucht ein Streit? Und wie viel Zeit die Versöhnung?

Verglichen damit ist ein Dialog etwas höchst Zeitsparendes!

Sie entscheiden, wie Sie die Zeit mit Ihrem Partner verbringen wollen.

Mit Streit oder mit Dialogen?

Spiegeln bedeutet, in Kontakt mit Ihrem Partner zu kommen. Geltenlassen schafft Verbindung zu Ihrem Partner. Einfühlung schenkt Ihnen Verbundenheit. Mit diesen Schritten verwandeln Sie Ihre Partnerschaft in einen HEILIGEN RAUM.

Erkenntnis 5 Nicht WAS du sagst, zählt, sondern WIE du es sagst

Übung Der Imago-Dialog

Als Beginn

1. Entscheiden Sie, wer die Rolle des Senders und wer die Rolle des Empfängers übernimmt.

2. Wählen Sie ein Thema. Wir empfehlen, mit etwas Positivem wie einer Wertschätzung für Ihren Partner/Ihre Partnerin zu beginnen, oder auszutauschen, was Sie tagsüber erlebt haben.

3. Zu Beginn bittet der Sender den Empfänger um einen Gesprächstermin und fragt: „Wärst du jetzt bereit für einen Imago-Dialog?"

Auf unserer Website www.harvillehendrix.com *finden Sie Video-Beispiele und andere Hilfestellungen.*

Schritt 1: Spiegeln

Der Sender beginnt mit seiner Botschaft und spricht in der Ich-Form, mit der Verantwortlichkeit des Senders.

Der Empfänger spiegelt NUR das, was der Sender sagt, und zwar folgendermaßen: „Ich möchte sehen, ob ich dich gehört habe. Du ... *(sagen Sie exakt, was Ihr Partner/Ihre Partnerin gesagt hat).* Habe ich dich gehört?"

Wenn der Sender bestätigt, dass der Empfänger ihn gehört hat, fragt der Empfänger: „Gibt es da noch etwas?"

Der Empfänger spiegelt weiter, bis der Sender sagt, dass er sich voll und ganz gehört fühlt.

Schritt 2: Geltenlassen

Der Empfänger lässt den Standpunkt des Senders gelten, indem er seine Sinnhaftigkeit anerkennt: „Was du sagst, macht Sinn, weil ..." Nicht vergessen, es geht nicht darum, zur Übereinstimmung zu kommen.

Schritt 3: Einfühlen

Versuchen Sie, als Empfänger in Verbindung mit den Gefühlen zu kommen, die sich hinter dem Thema des Senders verbergen. Es gibt vier Hauptkategorien von Gefühlen: Wut, Trauer, Freude und Angst.

Um sich einzufühlen, sagt der Empfänger beispielsweise: „Aufgrund dessen, was ich gehört habe, nämlich dass ... *(fügen Sie hier noch einmal ein, was Ihr Partner/Ihre Partnerin über das Thema gesagt hat)*, kann ich mir vorstellen, was du fühlst ... *(beschreiben Sie den Gefühlszustand Ihres Partners/Ihrer Partnerin mit ein oder zwei Worten)*."

Vergewissern Sie sich, indem Sie nachfragen: „Fühlst du dich so?"

Sagt der Sender jedoch: „Nein, ich fühle mich in Wahrheit so ...", dann spiegelt der Empfänger neuerlich, was der Sender sagte.

Wenn der Sender bestätigt, dass der Empfänger verstanden hat, wie er sich fühlt, können Sie die Rollen tauschen. Der Sender wird zum Empfänger und der Empfänger wird zum Sender.

Das Allerwichtigste beim Imago-Dialog ist Üben, Üben und nochmals Üben!

Für die nächste Zeit

Üben Sie den Imago-Dialog. Wir empfehlen, sich eine Zeit für „vollständige" Dialoge zu reservieren, und gleichzeitig auch ab und zu im Alltag zu trainieren. Das hilft Ihrem Gehirn! Hier sind einige Beispiele:

- „Wenn ich dich richtig verstanden habe, hast du gesagt, ich solle dir den Salzstreuer geben. Habe ich dich gehört?" (Spiegeln)
- „Gibt es noch mehr dazu?"
- „Du hast gerade gesagt, es wäre wichtig, dass ich nicht so viel Unordnung mache, nachdem du die Küche geputzt hast. Das macht Sinn." (Geltenlassen)
- „Das hat dein Chef wirklich zu dir gesagt? Ich kann mir vorstellen, dass du nun sehr zufrieden und stolz bist. Fühlst du dich so?" (Einfühlen)

Jede Interaktion ist eine Gelegenheit, den Imago-Dialog mehr in unser Leben zu integrieren. Wir wünschen gutes Gelingen dabei!

Zur Erinnerung

Beim Imago-Dialog ist nicht die Übereinstimmung das Ziel.
Das Ziel ist, einander abwechselnd wahrhaft zuzuhören.

Erkenntnis 6

Negatives Verhalten verletzt den Partner

Helen

Jene Art von Kommunikation, die wir gerade beschrieben haben, ist nicht möglich, wenn eine Beziehung von starker Negativität geprägt ist.

In der Phase unserer Ehe, in der wir ständig zwischen den Optionen Neubeginn oder Scheidung schwankten, betraten Harville und ich eines Tages zufällig eine Buchhandlung. Aus einem spontanen Impuls heraus griffen wir zu einem Buch über Astrologie und Partnerschaft. Wir blätterten zu jener Seite, auf der erklärt wurde, ob unsere beiden Geburtsdaten bzw. astrologischen Ausgangssituationen miteinander harmonieren könnten, und lasen dort: **„Sie werden Ihre Partnerschaft zerstören, wenn es Ihnen nicht gelingt, die niederschmetternde Kritik an Ihrem Partner zu beenden!"** Betroffen und äußerst verblüfft fragten wir uns, *wie* jener Autor nur so genau über uns beide Bescheid wissen konnte

Der Wahrheitsgehalt dieser Aussage traf genau ins Schwarze – das war der tiefste Kern unserer Probleme. Nun hatten wir ihn erkannt, sogar ohne therapeutische Hilfe!

Unsere Definition von Negativität: Sie schließt für uns **jedes Wort, jeden Tonfall, jeden Gesichtsausdruck (z. B. Verdrehen der Augen ...) und alle anderen Verhaltensweisen mit ein, die bei unserem Partner negative Gefühle hervorrufen.**

Unser Partner entscheidet, ob er unsere Verhaltensweise als negativ wahrnimmt.

Genau, Ihr Partner entscheidet, ob er eine Verhaltensweise Ihrerseits als negativ wahrnimmt oder nicht. Selbst wenn Sie sagen, dass Sie gerade scherzen, MÜSSEN SIE UMGEHEND DAMIT AUFHÖREN, sobald Ihr Partner sich dadurch verletzt fühlt. Negatives Verhalten zerstört das Gefühl der Sicherheit. Und wenn es keine Sicherheit in Ihrer Partnerschaft gibt, können Sie und Ihr Partner nicht wachsen – und Ihre Partnerschaft zum Guten verwandeln.

Harville und ich gelangten zu der Einsicht, dass sich drei Wege definieren lassen, wie wir in negatives Verhalten hineinschlittern. Bald erkannten wir, dass diese drei Wege auch auf die meisten Paare in unseren Workshops zutrafen. Hier sind sie: (1) kritische Gedanken, (2) Wettstreit und (3) konstruktive Kritik (besonders heimtückisch!).

Kritische Gedanken

Kritische Gedanken sind in vielerlei Hinsicht eine Hilfe für unser Leben. Sie gewährleisten, dass wir unser Haus in zwei zusammenpassenden Socken verlassen. Sie erinnern uns daran zu überprüfen, dass an unseren Schuhen kein Toilettenpapier haftet, wenn wir die Toilette verlassen. Auch beim Autofahren sind kritische Gedanken essenziell. Sie helfen uns vorauszusehen, wie andere Verkehrsteilnehmer reagieren könnten, um Unfälle möglichst zu vermeiden.

In unserer Gesellschaft werden kritische Gedanken meist BELOHNT. Lehrer sind begeistert von Studenten, die ihre eigenen Arbeiten kritisch hinterfragen. Auch Harville und ich erlernten dies an der Universität. Vorgesetzte schätzen Angestellte, die kritisch denken können, weil es dadurch möglich ist, Verbesserungen anzudenken und umzusetzen. Bei Mitarbeitergesprächen zur Leistungsbeurteilung wird „kritisches Denken" mit Sicherheit als Stärke eines Mitarbeiters gewertet.

In vielen Bereichen unseres Lebens ist kritisches Denken sehr wertvoll – in Ihrer Partnerschaft ist es aber VÖLLIG FEHL AM PLATZ. Wir kritisieren unseren Partner nämlich im Allgemeinen besonders dann, wenn er nicht so handelt, wie *wir selbst* es für richtig halten.

Und das wirkt vernichtend auf unseren Partner.

In unseren Workshops legen wir den Paaren immer wieder ans Herz: Ihr Partner ist NICHT dieselbe Person wie Sie!

Wenn Sie die Gedanken oder das Handeln Ihres Partners kritisieren, geraten Sie in Wahrheit darüber in Zorn, **dass Ihr Partner nicht Sie ist!**

Wenn ich früher in manchen Situationen sehr emotional reagierte, erntete ich von Harville die Kritik, dass ich nicht dazu fähig war, meine Gefühle klarer darzulegen. Um es auf den Punkt zu bringen, er wurde wütend darüber, dass ich wütend war. Und er gab mir gute Tipps, wie ich meine Gefühle in Worte fassen sollte – damit meine Kommunikation linearer und präziser abliefe. Ich hörte seine guten Tipps, *während Gefühle von Wut und Verzweiflung mich erbeben ließen.* Ein Kommunikationscoach war das Allerletzte, was ich in solchen Situationen brauchen konnte!

Gott sei Dank erkannte Harville eines Tages, dass er sich in Wahrheit hauptsächlich darüber ärgerte, dass ich nicht mehr vom Wesen einer Schildkröte in mir hatte (und *ihm* nicht ähnlicher war). Eine ganz ähnliche Dynamik können die allermeisten Paare bei sich beobachten.

Um den Kriegsschauplatz der gegenseitigen Zerstörung zu verlassen, müssen Sie akzeptieren, dass Sie zwei unterschiedliche Menschen sind, mit unterschiedlichen Vorlieben und einer unterschiedlichen Art, an Dinge heranzugehen. Meinungsverschiedenheiten lassen uns leider allzu schnell in einen Wettstreit hineinschlittern.

Wettstreit

Oberflächlich betrachtet kann es den Anschein haben, dass Harville und ich sehr unkomplizierte und entspannte Menschen sind. Wenn man an dieser Fassade aber ein klein wenig kratzt, entdeckt man unser schwarzes Geheimnis: Wir sind zwei störrische Esel! Und ehrlich gesagt kann ich mir kaum vorstellen, dass es Paare mit mehr Starrsinn und Konkurrenzkampf gibt als uns.

Zu unserer Verteidigung soll gesagt werden, dass es in der menschlichen Natur liegt, zu konkurrieren. Wenn jemand in unserem Kulturkreis überzeugende Ansichten hat oder seine Vorschläge durchsetzt, gilt er als Alpha-Tier. Um nicht auf der Strecke zu bleiben, lernen wir alle, auf unseren Rechten zu bestehen und unseren Standpunkt mit mehr Nachdruck zu vertreten als andere.

Auch Konkurrenzkampf hat seine Berechtigung – in Ihrer Partnerschaft ist er aber VÖLLIG FEHL AM PLATZ.

Meist konkurrieren Paare, indem beide behaupten, dass sie „recht haben" (also überlegen sind) und der Partner „falsch liegt" (also unterlegen ist).

Wir möchten hier ein nettes Beispiel dafür zeigen, dass es sogar noch andere, unbekanntere Arten von Wettkämpfen gibt.

Man kann noch darüber streiten, wer der oder die „Schlechteste" ist.

Wie das funktionieren soll? Ich erzähle Ihnen gern ein Beispiel von Harville und mir.

Nachdem wir erkannt hatten, welche entscheidende Rolle unsere Kindheitsverwundungen für unser Leben als Erwachsene und für unsere Partnerschaft spielen, nützten wir auch diesen Punkt zum Wettstreit.

Wir begannen tatsächlich darüber zu diskutieren, wer von uns beiden nun die härtere oder traurigere Kindheit gehabt hätte. Kaum zu glauben, nicht wahr?

Wir beschäftigten uns mit den kleinen und großen traumatischen Erfahrungen unserer Kindheit und jeder von uns beiden versuchte zu beweisen, dass er mehr Schlimmes durchmachen hätte müssen. In diesem Zusammenhang ein bewährter Tipp von uns: Vermeiden Sie es, dieses Spielchen mit jemandem zu spielen, der seine Eltern bereits in früher Kindheit verloren hat. Es gibt nämlich kaum etwas Schlimmeres.

Harville und mir half schließlich eine Erkenntnis, die wir schon lange zuvor gehabt hatten. Die romantische Liebe holt nämlich stets zwei Menschen in ihr Spinnennetz, die ungefähr gleich viel zu bearbeiten haben in ihrem Leben. Dies bedeutet, dass Ihr Partner und Sie während derselben oder benachbarten Entwicklungsphasen verwundet wurden. Sie können daher getrost Ihren Wettstreit beenden und sich darauf konzentrieren, wie Sie einander unterstützen können, jene Verwundungen zu heilen.

Ein guter Schlusssatz zu diesem Thema: Wenn Sie sich Ihrem Partner überlegen fühlen (ob Sie nun glauben, Sie seien der bessere Mensch, oder ob Sie glauben, Ihr Partner hatte es leichter als Sie), so ist dies ein klares Anzeichen dafür, dass Sie sich mitten im Wettstreit befinden!

Konstruktive Kritik

Ich wette, Sie fragen sich nun, warum in aller Welt „konstruktive Kritik" etwas Schlechtes sein soll. Sie denken vermutlich: „Mein Partner braucht doch meine HILFE, meine **glasklaren Erkenntnisse!**" Ich muss zugeben, dass leider auch ich so dachte. In den ersten Jahren unserer Ehe war es mein liebster Zeitvertreib, Harville meine „hilfreiche" konstruktive Kritik zu schenken.

Dabei wollte ich so klar und gründlich vorgehen, wie nur möglich. Das bedeutete, dass ich auf jedes kleine Detail achtete. Also erstellte ich Listen. Wenn er ein T-Shirt trug, mit dem er ungepflegt aussah, schrieb ich es auf die Liste. Wenn er seine Pflichten im Haushalt vergaß – auf die Liste. Spinat zwischen den Zähnen? Auf die Liste. Wenn Harville sich dickköpfig verhielt – Sie wissen, wo das festgehalten wurde? Auf meiner Liste natürlich.

Bitte verstehen Sie mich richtig, ich wollte mich nicht *beklagen*. Ich wollte Harville dadurch nur HELFEN. Denn wer, bitte schön, möchte nicht gerne Ratschläge bekommen, wie er ein besserer Mensch werden könnte? Und noch dazu völlig **gratis**, denn für meine Weisheiten verlangte ich schließlich nicht einmal eine Gegenleistung. Trotz meiner „Großzügigkeit" schien sich Harville in unserer Ehe von Tag zu Tag schlechter zu fühlen.

Die Folgen waren schrecklich. Konstruktive Kritik mag in manchen Bereichen sinnvoll sein – aber (Sie haben es erraten!) in Ihrer Partnerschaft ist sie VÖLLIG FEHL AM PLATZ, selbst wenn sie sich sehr wohlwollend und geschickt tarnt.

Sie können ganz beruhigt sein: Es gibt eine große Zahl von Menschen (Geschwister, Vorgesetzte, Freunde, Kinder, Eltern ...), die gerne bereit sind, Ihren Partner mit konstruktiver Kritik zu „beschenken". Sie selbst brauchen keiner von ihnen zu sein. Ihr Partner müht sich nicht nur mit seiner Kindheit ab sondern auch mit aktuellen Problemen. Er braucht vielmehr einen Anwalt und Fürsprecher – das wäre eine Aufgabe für Sie!

Eine konsequente „Entziehungskur"

Das Einzige, was wir mit unserem negativen Verhalten erreichten: Harville und ich fühlten uns beide stark angegriffen. Wie reagiert man aber, wenn man sich angegriffen fühlt? Mit Verteidigung und Gegenangriff.

Als wir erkannten, dass dieses Muster höchst destruktiv war, wurde uns auch bewusst, dass wir negatives Verhalten aus unserem Leben verbannen mussten. Wir wurden wie zwei Wachhunde, die auf negatives Verhalten spezialisiert waren.

Um es prägnant zu sagen: **Negatives Verhalten verletzt den Partner heimtückisch und muss ohne Zweifel aufhören.**

Es gibt wohl keine einzige Partnerschaft, die durch negatives Verhalten an Nähe und Tiefe dazugewinnen könnte.

Wir geben aber ehrlich zu, dass dies leichter gesagt als getan ist. Die

Erkenntnisse während unseres Wachhund-Verhaltens waren mehr als entmutigend. Harville und ich mussten erkennen, dass jede noch so kurze Unterhaltung zwischen uns durch negatives Verhalten gekennzeichnet war. Wenn ich etwas Berufliches erzählen wollte, begann Harville mich zu coachen, wie ich prägnanter formulieren könnte. Und schon stritten wir heftig. Wenn wiederum er mir ein Projekt für unser Haus oder unseren Garten nahebringen wollte, das ihm gerade im Kopf herumspukte, unterbrach ich ihn, weil ich längst wusste, wie er sich dieses Projekt vorstellte. Und schon stritten wir heftig. Nicht einmal die Frage, was wir zu Abend essen wollten, war ein Thema, bei dem wir uns sicher fühlen konnten. Wenn einer von uns vorschlug, Hühnchen zu grillen und Gemüse dazu vorzubereiten, begannen wir darüber zu streiten, ob wir das Gemüse kochen sollten (so wie ich es gern mag) oder es besser roh zu lassen (so wie Harville es gern mag). Es war einfach verrückt.

Wir spürten immer stärker, dass wir ein Gegenmittel finden mussten.

Als wir es gefunden hatten, waren wir hoch erfreut, wie einfach es anzuwenden war!

Wir befestigten nämlich einen Kalender auf unserem Badezimmerspiegel. Und jeden Abend malten wir entweder ein lächelndes oder ein ärgerliches Smiley in die Tagesspalte.

Ein ärgerliches Gesicht bedeutete, dass einer von uns oder beide an jenem Tag negative Reaktionen gezeigt hatten. Ein lächelndes Smiley bedeutete, dass wir es beide geschafft hatten, den ganzen Tag kein negatives Verhalten zu zeigen. Harville und ich hatten Studien absolviert, akademische Titel erworben und waren Autoren mehrerer Bücher. Aber erst mit der Unterstützung von lachenden und ärgerlichen Smileys gelang es uns, unsere „Negativitäts-Sucht" zu überwinden. Diese kleinen Smileys waren das erste, was wirklich half!

Die vielen verärgerten Smileys in unserem Kalender, *Tag für Tag,* **Woche für Woche** und MONAT für MONAT, begannen uns wirklich auf die Nerven zu gehen. G a n z   l a n g s a m gelang es uns, **alle** negativen Bemerkungen aus unserem Leben zu verbannen.

Alle? Wirklich **alle**. Endlich hatten wir es geschafft!

Wir waren richtig stolz auf uns selbst.

Aber dann tauchte ein neues Problem auf ...

Es war plötzlich UNHEIMLICH still bei uns.

Es ist uns heute noch peinlich, dies einzugestehen.

Wir wussten nicht, worüber wir miteinander reden sollten, wenn wir einander nicht mehr kritisieren durften ...

Anerkennung schenken

Aus diesem Grund entwickelten wir eine neue Übung – Sie sollte uns helfen, unseren Blick auf das zu lenken, was wir wirklich am Partner mochten. Energie folgt immer unserer Aufmerksamkeit. Wir wussten, **wenn unsere Haltung negativ war, strahlten wir mehr und mehr Negativität aus.** Was würde geschehen, wenn wir begännen, einander mit Anerkennung zu überschütten?

Wir machten die Erfahrung, dass wir immer mehr gute Eigenschaften an unserem Partner wahrnehmen konnten, wenn wir unsere Aufmerksamkeit auf das richteten, was *gut* funktionierte. Um diesen Prozess zu beschleunigen, versprachen wir einander, jeden Abend drei Dinge zu nennen, die wir aneinander schätzten. Es **mussten** jeden Abend drei **neue** Punkte sein – *Wiederholungen waren nicht erlaubt.*

Zu Beginn war das eine große Herausforderung für uns.

Wir merkten, dass unser Gehirn meist nicht gewöhnt war, das Gute wahrzunehmen (weil das menschliche Gehirn im Allgemeinen darauf konditioniert ist, auf das Negative zu achten). Bei unseren ersten Versuchen stellten wir uns daher ziemlich ungeschickt an. Wir mussten uns wirklich Mühe geben, tagsüber auf das zu achten, wo wir *Freude an unserem Partner* hatten.

Unsere Probleme auf Listen zu sammeln war ganz einfach gewesen. Im Gegensatz dazu fiel es uns jedoch ziemlich schwer, Anerkennung für unseren Partner zu finden. Unsere Gespräche waren durch unangenehm lange Pausen gekennzeichnet.

Aber wir hielten unbeirrt daran fest (und bewiesen dadurch, dass es gelegentlich auch von Vorteil sein kann, ein starrsinniger Esel zu sein).

Nach und nach plätscherten die gegenseitigen Wertschätzungen schon ein wenig unbeschwerter.

„Harville, ich bin dir dankbar, dass du heute unsere Flüge telefonisch abgeklärt hast."

„Helen, ich bin dir dankbar für die Vorschläge, die du zu meiner Präsentation beigesteuert hast!"

Der negative Dauerregen in unserem Gehirn versiegte langsam. Da wir damit begonnen hatten, unseren Blick auf die positiven Eigenschaften unseres Partners zu lenken, begannen wir einander *in einem völlig anderen Licht zu sehen*. Wir kamen tatsächlich zu der Einsicht, dass wir mit einem großartigen Menschen verheiratet waren – eine Tatsache, die uns schon sehr lange Zeit nicht mehr aufgefallen war.

Unser **Wertschätzungsritual** führte uns auf eine neue Ebene der emotionalen Sicherheit, die uns bisher gänzlich unbekannt gewesen war. Wir verliebten uns neuerlich Hals über Kopf ineinander, diesmal aber auf einer tieferen und beglückenderen Ebene als je zuvor.

Wie ein Wunder

Dann machten wir eine weitere Entdeckung: **Der einfachste Weg, um negatives Verhalten zu verbannen, besteht darin, Interesse zu zeigen, anstatt zu bewerten.** Diese neue Haltung hat ohne Zweifel die Macht, den Zauber zurück in Ihre Partnerschaft zu bringen.

Warum denkt Ihr Partner so über eine Sache? Warum hat er diese oder jene Gefühle? Haben Sie Ihren Partner in letzter Zeit danach gefragt?

Ich dachte, ich kannte Harville sehr gut. Erinnern Sie sich – ich meinte sogar, ihn *besser* zu kennen als er sich selbst. Dies erwies sich aber nicht als förderlich für unsere Partnerschaft, also begann ich, Interesse zu zeigen, anstatt ihn zu bewerten. Auf meiner Bewertungsliste ganz oben fand sich Harvilles Begeisterung für *Star Trek*, eine Science-Fiction-Serie. Das hatte ich bisher nie nachvollziehen können. *Star Trek*? Harville ist ein sehr intelligenter Mann. Deshalb konnte ich einfach nicht verstehen (ich bitte an dieser Stelle alle *Star Trek*-Fans um Verzeihung), warum diese eigenartige und unrealistische Geschichte so ansprechend für ihn war.

So beschloss ich eines Tages, mein Interesse zu zeigen ...

Ich schob also (nach einem tiefen Atemzug) meine Vorurteile zur Seite und sah mir gemeinsam mit meinem Mann ein paar Folgen der Serie an.

Harville war unglaublich erfreut darüber, dass ich ihm Gesellschaft auf der Fernsehcouch leistete (und ich wiederum genoss die zärtliche Nähe dabei wirklich sehr). Schon bald erkannte ich, dass die Serie *Star Trek* einige spannende soziale und kulturelle Themen behandelte. Damit hatte ich nun wirklich nicht gerechnet. Seither respektiere ich Harvilles Vorliebe für diese Serie voll und ganz – und es ist mir keineswegs mehr peinlich, wenn er sich im Gespräch mit gemeinsamen Freunden darauf bezieht. Ganz im Gegenteil, ich habe inzwischen erkannt, dass mein Ehemann ein ähnlich großartiger und außergewöhnlicher Mensch ist wie Captain Kirk und Captain Picard. Denn auch Harville betritt in seinem Leben immer wieder Neuland. Auch er erforscht mit großem Interesse und Pioniergeist eine Art bisher unerforschten Raum – nämlich den „Raum" zwischen zwei Menschen, die einander lieben.

Ein klein wenig Interesse meinerseits konnte so viel ins Rollen bringen.

Sie brauchen es nur zu versuchen, dann erkennen Sie, wie einfach Ihnen dieser Perspektivenwechsel wird.

Wenn Sie mit Ihrem Partner zusammen sind, können Sie sich vorstellen, dass Sie in ihm ein spannendes, fremdes Land besuchen. Öffnen Sie sich für neue Gedanken und Perspektiven. Gönnen Sie es sich, die unbekannte Landschaft zu genießen, neue Speisen und neue Gepflogenheiten auszuprobieren sowie eine unbekannte Sprache zu sprechen. Es ist nicht nötig, dass Sie alle Gefühle und Vorlieben Ihres Partners teilen. Wenn Sie aber Offenheit und Interesse beweisen, können Sie das einzigartige Geheimnis der Welt Ihres Partners entdecken.

Nachtrag zum Abschnitt „Sicherheit zwischen den Partnern schaffen"

Erinnern Sie sich noch, wie sehr wir den Wert der Sicherheit im vierten Kapitel betont haben? **Es ist Ihre Aufgabe, zu einer Quelle der Sicherheit für Ihren Partner zu werden.**

Wenn Ihr Partner sich nicht sicher fühlt, verbirgt er sich hinter seinen Schutzmustern.

Wenn sich Ihr Partner aber sicher fühlt, kann er seine Schutzmuster ablegen.

Sie können uns wirklich Glauben schenken, wenn wir behaupten, dass Ihr Partner ein guter Partner für Sie sein möchte. Er möchte der Held, die Heldin Ihres Lebens sein. Aus unserer Erfahrung wissen wir, dass die Partner einander tatsächlich glücklich machen möchten. Sie müssen nur zuvor damit aufhören, sich negativ zu verhalten. Wenn Sie sich dafür entscheiden und damit beginnen, wird sich **alles** in Ihrer Partnerschaft zum Guten ändern. Und wenn wir alles sagen, so meinen wir auch ALLES.

Wie viele andere Gedanken in diesem Buch kann die Veränderung in diesem Punkt nicht nur entscheidenden Einfluss auf Ihre Partnerschaft haben, sondern auch auf alle anderen Beziehungen in Ihrem Leben. Wenn Sie damit aufhören, Ihren Partner durch heimtückisches, negatives Verhalten zu verletzen, wird sich dieser Punkt in der Beziehung zu Ihren Kindern, zu Ihrem Freundeskreis und Ihrer Umgebung ebenfalls verändern. Auch wenn die Menschen rund um Sie nicht genau sagen können, was sich verändert hat, so werden sie doch bemerken, dass sich etwas verändert hat – und sie werden es **sehr schätzen**.

Übung Das Wertschätzungsritual

Als Beginn

Erstellen Sie eine Liste mit den Eigenschaften Ihres Partners/Ihrer Partnerin. Beginnen Sie mit den Äußerlichkeiten, nennen Sie dann Charaktereigenschaften und schließlich Verhaltensweisen, die Sie an ihm/ihr schätzen, lieben und bewundern. Als vierte Kategorie formulieren Sie bitte liebevolle Sätze. Im Übungsteil finden Sie nach Übung 6 einen Vordruck mit der Überschrift „Ich liebe und schätze dich!" samt einigen Beispielen.

Für die nächste Zeit

Sagen Sie Ihrem Partner/Ihrer Partnerin jeden Abend vor dem Schlafengehen drei Punkte, die Sie an ihm/ihr schätzen. Versprechen Sie einander zusätzlich, das gerade beschriebene Wertschätzungsritual für die restliche Dauer Ihres Übungsprogrammes (gleichgültig, ob Sie sich an das Programm, das wir im Übungsteil vorschlagen, halten wollen oder die Übungen selbst auswählen) beizubehalten – und zwar für jene Tage, wo keine anderen Übungen vorgesehen sind.

Und denken Sie bitte daran, *dass Wiederholungen nicht erlaubt sind.* Sie können mit den Wertschätzungen beginnen, die Sie auf Ihre Liste geschrieben haben. Sie können Ihren Partner aber auch jeden Tag aus einer wertschätzenden Perspektive heraus beobachten. Der tiefere Sinn dieser Übung besteht darin, Ihren Fokus von dem, was Sie nicht mögen, auf das, was Sie mögen, zu verschieben. Durch diesen Perspektivenwechsel werden Sie beide mehr und mehr Dinge erkennen, die Sie aneinander mögen – und das wird Sie inspirieren, mehr davon in Ihre Partnerschaft einzubringen.

Auch wenn Sie irgendwann mit unserem Übungsprogramm „fertig" sein sollten, können Sie das Ritual beibehalten, einander Wertschätzung zu schenken. Es fühlt sich doch toll an, warum also nicht?

Zur Erinnerung

Energie folgt der Aufmerksamkeit.
Je mehr Aufmerksamkeit Sie auf das Gute richten,
desto mehr Gutes wird es geben,
auf das Sie Ihre Aufmerksamkeit richten können.

Erkenntnis 7

Negatives Verhalten ist Ausdruck unerfüllter Bedürfnisse

Harville

Möglich, dass Sie sich nun fragen: „Soll ich künftig *alle* Probleme ignorieren, die ich mit meinem Partner habe?" Wir können Sie beruhigen. Sie müssen nicht *jedes* nachlässige Verhalten Ihres Partners untätig akzeptieren. Und wir empfehlen Ihnen auch nicht, enttäuschte Gefühle einfach zu schlucken.

Enttäuschungen? Welche Enttäuschungen?

Denn wenn Sie auch viel Übung im Schlucken von negativen Gefühlen haben, sie lösen sich dadurch nicht in Luft auf!

Es ist hilfreicher, wenn Sie erkennen, dass sich hinter jedem negativen Gedanken ein unerfülltes Bedürfnis versteckt.

Hinter negativem Verhalten verstecken sich unerfüllte Bedürfnisse.

Denn ein unerfülltes Bedürfnis ist im Grunde nichts anderes als ein Wunsch.

Formulieren Sie Ihre Bedürfnisse so, dass Ihr Partner sie annehmen kann

Wenn das Verhalten Ihres Partners Sie frustriert, wünschen Sie sich, dass Ihr Partner sich verändert. Bingo! Aber dies kann nur geschehen, wenn Ihr Partner selbst *bereit* ist, sich zu verändern. Und seine Bereitschaft hängt vollständig davon ab, WIE Sie ihn darum bitten. **Sie müssen Ihren Wunsch als Bitte formulieren, anstatt sich zu beklagen.** Ihr Frust soll mit größter Vorsicht formuliert werden, wobei Sie **als Sender die Verantwortung dafür tragen. Als Sender sind Sie nämlich verantwortlich dafür, Ihren Wunsch so zu formulieren, dass die Wahrscheinlichkeit steigt, dass Ihr Partner Ihnen gut zuhören kann.** Hier sind einige wichtige Hinweise dazu:

1. Bitte verwenden Sie sogenannte „Ich-Botschaften" („Ich fühle mich einsam") anstatt „Du-Botschaften" („Du bist nie daheim!"). Du-Botschaften haben auf Ihren Partner die Wirkung von Anschuldigungen – und sie sind es auch! Ich-Botschaften hingegen laden Ihren Partner ein, nachzuempfinden, wie Sie sich fühlen.
2. Sprechen Sie klar und prägnant. Wenn Sie endlos nörgeln, überfluten Sie Ihren Partner mit mehr Worten und Gefühlen, als er verarbeiten kann. Eine Überflutung mit Worten ist sowohl für Schildkröten als auch für Hagelstürme problematisch. Wenn wir unseren Partner mit Worten bombardieren, fühlt er sich angegriffen. Er nimmt seine Schutzmuster zur Hilfe. Daraufhin fühlen wiederum *wir* uns als Opfer,

weil wir meinen, unser Partner werde sich *niemals* ändern. Was für ein Teufelskreis!

3. Wenn Sie möchten, dass Ihr Partner gut reagieren kann, wählen Sie nur eine Frustration pro Gespräch aus und benennen Sie diese konkret. Wenn Ihr Partner mehr Informationen braucht, wird er Sie darum bitten, da können Sie sicher sein.
4. Laden Sie Ihren Partner nur zu einem Gespräch ein, wenn Sie sich ruhig und ausgeglichen fühlen. Jeder Kommunikationsexperte kann Ihnen versichern, dass mehr als 90 Prozent der Tatsache, wie jemand das aufnimmt, was Sie ihm sagen möchten, davon abhängt, *wie* Sie es kommunizieren. Achten Sie deshalb sehr auf Ihre nonverbalen Signale wie Ihren Tonfall, Ihren Blick, das Klopfen Ihrer Füße, das Verdrehen Ihrer Augen, Ihre Seufzer etc.
5. Ein letzter Punkt: Sie sollten es um jeden Preis vermeiden, Ihren Partner zu kritisieren, zu beschuldigen, ihm Vorwürfe zu machen oder sein Verhalten zu analysieren.

Endloses Nörgeln überfordert den Partner.

Als Sender die Verantwortung zu übernehmen heißt, Ihren Partner behutsam dazu einzuladen, sich für Ihre Wünsche zu interessieren. Dies erhöht die Chancen, dass Ihr Partner diese Wünsche erfüllen möchte. Sprechen Sie kurz und bündig, damit Ihr Partner aufnehmen kann, was Sie sagen. Wenn Sie gut trainieren, prägnant zu formulieren, werden Sie bald das Gefühl haben, übernatürliche Kräfte zu entwickeln.

Ihren Frust zu beschreiben, ohne negative Formulierungen zu verwenden, ist so wichtig, dass wir eine spezielle Methode dafür entwickelt haben, nämlich den Dialog „Bitte um Verhaltensänderung". Es ist eine Abwandlung des Imago-Dialoges, der mit zwei Erweiterungen ergänzt wurde: Sie können einen Punkt nennen, der Sie frustriert, *und* Sie können eine Bitte formulieren. Wie bei allen Dialogen ist es wichtig, einfach und direkt zu kommunizieren. Und wie alle anderen Dialoge kann auch dieser eine tiefe Veränderung in Ihrer Partnerschaft bewirken.

Der Dialog „Bitte um Verhaltensänderung" ist der *ideale* Weg, um gleichzeitig Ihren Frust zu benennen und Sicherheit in Ihrer Partnerschaft zu bewahren. Dieser Dialog besteht aus drei einfachen Schritten: (1) Bitten Sie Ihren Partner um ein Gespräch, um mit ihm über ein frustrierendes Gefühl reden zu können, (2) beschreiben Sie diese Frustration in Kürze und (3) formulieren Sie Ihren Wunsch.

Schritt 1: Vereinbaren Sie einen guten Zeitpunkt

Wie beim Imago-Dialog wäre es nicht empfehlenswert, sich in einen Dialog „Bitte um Verhaltensänderung" zu stürzen, ohne dies vorher zu vereinbaren. Bitten Sie Ihren Partner daher immer zuerst um einen Termin. Und zwar ungefähr so: „Ich möchte gerne mit dir über eine Bitte sprechen, die ich an dich hätte. Wäre jetzt ein guter Zeitpunkt?"

Es ist wichtig, einen guten Zeitpunkt zu vereinbaren. Wenn unser Partner gerade nicht in der entsprechenden Verfassung ist, uns zuzuhören, sollten wir das respektieren. Wenn es gerade nicht passt, liegt es aber an Ihrem Partner, einen anderen Zeitpunkt vorzuschlagen. Wenn Sie einen Zeitpunkt wählen, der für *beide* Partner günstig ist, stehen die Chancen für einen erfolgreichen Dialog deutlich besser.

Schritt 2: Beschreiben Sie Ihre Frustration in kurzen Worten

Setzen Sie sich zum vereinbarten Termin zusammen. Der Sender **beschreibt mit der „Verantwortung des Senders" seine Frustration präzise**, möglichst in einem, höchstens in zwei Sätzen. Der Sender könnte zum Beispiel sagen: „In den vergangenen Jahren haben wir den Großteil des Urlaubs mit deiner Familie verbracht und ich habe den Eindruck, zu wenig Zeit mit meiner Familie zu verbringen."

Achten Sie darauf, dass die Aussage kurz ist und das Problem auf den Punkt gebracht wird. Der Inhalt soll die Gefühlserfahrung des Senders beschreiben und darf keinesfalls eine Schimpftirade sein (... wie idiotisch es sei, dass der Partner nicht erkenne, wie unfair eine Situation wäre ...).

Der Empfänger spiegelt exakt, was der Sender gesagt hat: „Ich wiederhole, was ich gehört habe. In den vergangenen Jahren haben wir den Großteil der Ferien mit meiner Familie verbracht, sodass du den Eindruck hast, zu wenig Zeit mit deiner Familie zu verbringen. Habe ich dich gehört?" Nachdem der Sender bestätigt hat, dass er sich vom Empfänger gehört fühlt, fragt der Empfänger nach: **„Gibt es noch mehr dazu?"** Nun kann der Sender antworten, aber *Vorsicht* – bleiben Sie bitte bei einer kurzen und freundlichen Aussage und konzentrieren Sie sich darauf, welche Gefühle die Frustration bei *Ihnen* hervorruft. Denken Sie immer daran: *Sie dürfen Ihrem Partner keinen Wortschwall zumuten!* Der Sender könnte antworten: „Meine Eltern sind schon ziemlich alt und deshalb ist es mir wichtig, noch einige schöne Dinge mit ihnen zu erleben, an die ich mich später erinnern kann."

Nachdem der Empfänger diese Aussage gespiegelt hat, lässt er die Gefühle des Senders gelten, indem er sagt: „Es macht Sinn, dass du Sehnsucht danach hast, wertvolle Zeit mit deinen Eltern zu verbringen." Der Empfänger soll sich schließlich auch noch in den Sender einfühlen und zu ihm sagen: „Ich kann mir vorstellen, dass es dich traurig macht, so wenig Zeit mit deinen Eltern zu verbringen, denn das ist unfair. Fühlst du dich so?"

Darauf könnte der Sender antworten: „Ja, es fühlt sich unfair an, es macht mich traurig und manchmal sogar wütend." Auch diese Gefühle kann der Empfänger gelten lassen, indem er sagt: „Deine Gefühle machen Sinn!"

Schritt 3: Nun kommt die Bitte, formuliert nach der SMART-Regel

Nun kommen wir zu jenem Punkt, an dem Sie Ihren Partner um das bitten, was Sie sich wünschen. Wenn feststeht, dass Ihr Partner Sie gut gehört hat, besteht der nächste Schritt darin, drei Dinge vorzuschlagen, die Ihr Partner tun könnte. Indem Sie drei konkrete Punkte vorschlagen, lassen Sie Ihrem Partner die Wahl – er kann eine dieser Bitten auswählen und Ihnen deren Erfüllung schenken.

Wir wollen Ihnen sehr ans Herz legen, beim Formulieren dieser Bitten die SMART-Regel zu beachten. Jede Bitte soll **s**pezifisch, **m**essbar, **a**nwendbar (im Bereich des Möglichen), **r**elevant (geeignet, den Frust aufzulösen) und **t**erminisiert sein.

„Ich möchte meinen ganzen diesjährigen Urlaub mit meinen Eltern verbringen statt mit deinen!" wäre vermutlich ein unrealistischer Wunsch. „Ich möchte mehr Zeit mit meinen Eltern verbringen" ist einerseits viel zu unspezifisch, andererseits auch nicht messbar. Eine prägnante Bitte könnte lauten: „Ich möchte dieses Jahr am jährlichen Familientreffen meiner Herkunftsfamilie teilnehmen." Hier gibt es eine konkrete Zeitangabe. Sobald Ihr Partner diese Bitte erfüllt hat, ist der richtige Zeitpunkt gekommen, ihm für seinen Beitrag, Ihren Frust aufzulösen, eine Goldmedaille zu überreichen.

Eine Bitte zu formulieren ist eine Chance, Ihrem Partner *exakt* zu vermitteln, wie er zur Auflösung Ihres Frusts beitragen kann. Oft erklären wir anderen Menschen nämlich weitaus ausführlicher, was wir *nicht möchten*, als zu beschreiben, was wir *möchten*. Deshalb kann es für uns unerwartet schwierig sein, drei Vorschläge zu formulieren, die zum Ausdruck bringen, was uns wirklich gut tun würde.

Die meisten von uns hörten im Laufe ihrer Erziehung Sätze wie: „Setz dich für andere Menschen ein! Denk nicht an dich selbst! Sei nicht egoistisch!" Dadurch fällt es uns meist schwer, klar und freundlich um das zu bitten, was wir möchten oder brauchen. Wenn wir das nicht lernen, können unsere Bedürfnisse gar nicht erfüllt werden.

Seien Sie also kreativ. Bitten Sie um Dinge, über die Sie sich freuen würden und die Ihr Partner Ihnen freudig schenken kann. Passend zu dem Beispiel, das wir vorhin beschrieben haben, könnten drei nach der SMART-Regel formulierte Bitten folgendermaßen lauten:

1. Wir könnten unseren Urlaub im kommenden Jahr aufteilen: eine Woche mit meiner Familie verbringen und die zweite mit deiner.
2. Wir könnten in den nächsten zwei Monaten ein wenig Zeit für meine Eltern reservieren und sie zu einem Kurzurlaub bei uns einladen.
3. Wir könnten während unseres nächsten Urlaubs Gastgeber für unsere

Eltern sein und sie am kommenden Wochenende anrufen und dazu einladen.

Wenn Sie noch kreativer sein möchten, könnten Sie beispielsweise Folgendes vorschlagen: Wir könnten ein Fotoalbum zusammenstellen und meinen Eltern schenken, damit sie sehen, wie viel sie uns bedeuten. Oder (wenn die Finanzen es zulassen): Wir könnten eine Kreuzfahrt buchen oder ein Häuschen am See mieten und den Urlaub gemeinsam mit den Eltern verbringen.

Die Bitten sollen so weit als möglich spielerisch sein und dürfen durchaus eine humorvolle Note haben. Niemals sollten sie auf den Partner wie eine Bestrafung wirken. Das Allerwichtigste ist, um es hier noch einmal ausdrücklich festzuhalten, solche Bitten zu formulieren, die Ihrem Partner helfen, Erfolgserlebnisse zu haben.

Wenn der Sender seine Vorschläge vorbringt, schreibt der Empfänger sie nieder. Es empfiehlt sich, jede Bitte zu spiegeln, um sicher zu gehen, dass sie 1:1 angekommen ist. Wenn der Sender alle drei Vorschläge erläutert hat, wählt der Empfänger eine davon aus.

Nun sind Sie beide auf dem Weg zu einer partnerschaftlichen Ehe (wo sich nicht nur Ihre Urlaubsplanung sondern auch Ihre Beziehung in jeder Hinsicht gleichberechtigt anfühlt). Es ist einfach wunderbar, eine tiefe Verbindung zu seinem Partner zu haben, sich gegenseitig zu respektieren und Probleme zu lösen, anstatt einander Vorwürfe zu machen und Schuld zuzuweisen.

Verbundenheit ist etwas Wunderschönes!

Beginnen Sie mit einem Maulwurfshügel ...

Seien Sie realistisch – beginnen Sie mit kleinen Dingen! Starten Sie mit einem Maulwurfshügel und nicht mit dem allerhöchsten Berg. Auch wenn es vermutlich *eine Menge Dinge* gibt, die Sie frustrieren.

Wählen Sie ein langsames Tempo. Machen Sie sich bewusst, dass oft gerade das unserem Partner am schwersten fällt, was wir uns am meisten von ihm wünschen. Wenn er jedoch Erfolg in kleinen Dingen spürt, kann er wachsen und größere Herausforderungen annehmen.

Nehmen wir an, eine Situation, die Sie belastet, lautet: „Ich habe das Gefühl, dass wir keine Zeit mehr miteinander verbringen." Sie bieten Ihrem Partner drei Optionen an und er wählt jene, die besagt, er möge eine Woche lang jeden Abend mindestens 15 Minuten zärtlich mit Ihnen auf der Couch verbringen. Wenn er diesen Vorsatz *tatsächlich* verwirklicht, wird es Ihrem Partner das gute Gefühl schenken, Ihren Wunsch zu erfüllen. Sie erbitten zwar etwas von ihm, lassen ihm aber gleichzeitig die Wahl. Darüber hinaus kann es eine große *Erleichterung* für ihn sein, exakt zu wissen, was er tun soll!

Wenn Ihr Partner verwirklichen kann, was er sich vorgenommen hat, schenkt ihm das echte Erfolgserlebnisse. Und raten Sie einmal, was Ihr Partner durch diesen hormonellen „Glücksschub" tun wird? Richtig – er wird nach mehr Erfolgserlebnissen streben! Unterstützen Sie ihn auf dem Weg zum Erfolg, dann wird er immer öfter so handeln.

Kritik hingegen tötet die Motivation Ihres Partners. Viele von uns sind Weltmeister darin, ihrem Partner klarzumachen, was für ein Versager er ist, sodass jener die Hoffnung verliert. Ihre Aufgabe besteht jedoch darin, den Partner zu ermutigen und ihm Erfolgserlebnisse zu ermöglichen. Der Dialog „Bitte um Verhaltensänderung" ist dabei eine große Hilfe. Schneller als erwartet werden Sie spüren, dass Ihr Paar-Zwischenraum von tiefer Liebe erfüllt sein wird.

Dieser Dialog motiviert sowohl Sie als auch Ihren Partner sich zu dehnen.

Ihr Partner wird wachsen, wenn er eine Ihrer drei Bitten auswählt und tatsächlich erfüllt. Und Sie werden wachsen, wenn Sie annehmen, was Ihr Partner Ihnen schenken will – und ihn dadurch ebenfalls beschenken.

Erkenntnis 7 Negatives Verhalten ist Ausdruck unerfüllter Bedürfnisse

Übung Der Dialog „Bitte um Verhaltensänderung"

Als Beginn

1. Wählen Sie ein frustrierendes Erlebnis mit Ihrem Partner/Ihrer Partnerin (sollte Ihnen im Moment keines einfallen, können Sie zu jener Liste zurückblättern, die Sie in der ersten Übung „Damals und Jetzt" erstellt haben. Beginnen Sie mit einem Maulwurfshügel und NICHT mit dem größten Berg – Sie wollen Ihnen und Ihrem Partner/Ihrer Partnerin doch Erfolgserlebnisse ermöglichen.

2. Halten Sie sich genau an die einzelnen Schritte für den Dialog „Bitte um Verhaltensänderung".

Auf unserer Website www.harvillehendrix.com *finden Sie Videobeispiele und andere Hilfestellungen.*

Schritt 1: Vereinbaren Sie einen guten Zeitpunkt

Der Sender bittet den Empfänger um einen Dialog.

Sender: Ich möchte gerne mit dir über eine Bitte sprechen, die ich an dich hätte. Wäre jetzt ein guter Zeitpunkt?

Schritt 2: Beschreiben Sie Ihre Frustration in kurzen Worten

Beschreiben Sie mit der besonderen Verantwortung des Senders in einem oder höchstens zwei Sätzen Ihre Frustration. Ein Beispiel hierfür könnte sein (natürlich werden Sie einen Punkt aus Ihrem eigenen Leben wählen):

Sender: Ich bin sehr frustriert, wenn du später nach Hause kommst, als vereinbart.

Der Empfänger spiegelt exakt zurück, was der Sender gesagt hat.

Empfänger: Ich möchte sehen, ob ich dich gehört habe. *(Wiederholt Wort für Wort die Frustration, die sein Partner/seine Partnerin gerade formuliert hat. Für das genannte Beispiel wäre dies: „Du bist sehr frustriert, wenn ich später nach Hause komme, als vereinbart.")* Habe ich dich gehört?

Wenn der Sender bestätigt, dass der Empfänger ihn gehört hat, fragt der Empfänger: **„Gibt es noch mehr dazu?"** Und denken Sie daran, Sie müssen Ihren Partner/Ihre Partnerin vor einem Wortschwall bewahren!

Sender: Wenn du nicht pünktlich kommst, beginne ich mir Sorgen zu machen.

Der Empfänger spiegelt auch die neue Aussage. Wenn der Sender bestätigt, dass der Empfänger alles gehört hat, lässt der Empfänger seine Worte gelten und fühlt sich in die Gefühle des Senders ein.

Empfänger: Es macht Sinn, dass es dich frustriert und dass du dir Sorgen machst, wenn ich später nach Hause komme, als vereinbart *(Empfänger lässt die Aussage gelten).* Und ich kann mir vorstellen, dass du dich dann traurig und auch etwas wütend fühlst *(Empfänger fühlt sich ein).*

Schritt 3: Die Bitte, formuliert nach der SMART-Regel

Hat der Empfänger die Bitte des Senders gespiegelt, seine Worte gelten gelassen und sich in die Gefühle des Senders eingefühlt, und fühlt der Sender sich gehört und verstanden, bittet der Empfänger den Sender, drei Bitten zu formulieren. Der Sender nennt klar und konkret drei Dinge, die ihm helfen würden.

Empfänger: Was kann ich tun, um deine Frustration zu heilen? Bitte nenne mir drei Vorschläge.

Sender: Ich danke dir für diese Frage. Hier sind drei Vorschläge, die mir helfen könnten, diese Frustration aufzulösen.

1. Du könntest mir während des nächsten Monats einmal pro Woche den Rücken massieren *(die Bitte könnte durchaus auch erotischer sein ...).*
2. Du könntest mir während der nächsten beiden Monate zwei Mal an einem Samstag oder Sonntag das Frühstück ans Bett bringen.
3. Du könntest im nächsten Monat einmal pro Woche den Lebensmitteleinkauf übernehmen.

Beachten Sie bitte: Vier Massagen, zweimal Frühstück ans Bett oder viermal den Einkauf zu erledigen scheint überproportional viel zu sein im Vergleich zur genannten Frustration. Aber es gibt gute Gründe dafür. Unser Gehirn achtet vorrangig auf das Negative. Deshalb sind mehrere Wiederholungen des Positiven nötig, um dies auszugleichen. Vielleicht halten Sie das für unlogisch. aber so funktioniert unser menschliches Gehirn nun einmal. Das Negative mit einer ordentlichen Portion des Positiven zu bekämpfen, ist eine gute Möglichkeit, Ihr Gehirn zu trainieren (mehr dazu finden Sie in Kapitel 8).

Für die nächste Zeit

Machen Sie weiterhin solche Dialoge und wechseln Sie sich als Sender und Empfänger ab. Bearbeiten Sie zuerst kleine Frustrationen (denken Sie daran, mit dem Maulwurfshügel zu beginnen anstatt mit einem Berg). Wenn Sie beide immer mehr Erfahrung mit dem Dialog „Bitte um Verhaltensänderung" sammeln, können Sie sich an größere Herausforderungen wagen. Es empfiehlt sich, unterschiedliche Abende zu wählen, damit nicht beide Partner am selben Abend Sender sind. Abgesehen von dem Fall, dass Sie und Ihr Partner ein Intensiv-Übungswochenende planen oder sogar eine ganze Übungswoche (siehe Übungsteil), empfehlen wir, einen solchen Dialog einmal pro Woche zu führen. In der ersten Woche ist ein Partner/Partnerin der Sender, in der nächsten Woche der/die andere und so weiter. Auf diese Weise lässt sich wirklich die Erfahrung machen, dass die eigene Frustration vom Partner gehört und aufgenommen wird.

Für den Empfänger ist es günstig, die Bitte, deren Erfüllung er versprochen hat, irgendwo aufzuschreiben, wo er sie täglich sehen kann. Das hilft durchzuhalten, was man versprochen hat. Gelingt es dem Empfänger, so sollten es beide Partner feiern!

Zur Erinnerung

Es schenkt Ihnen beiden Erfolgserlebnisse,
wenn Sie beim Dialog „Bitte um Verhaltensänderung"
mit kleinen Schritten vorwärts kommen.
Durch diesen Glücksschub werden Sie weitere Erfolgserlebnisse anstreben –
bis Sie das Gefühl haben,
dass alle Themen in Ihrer Partnerschaft gelöst sind.

Erkenntnis 8

Unser Gehirn hat ein gewisses Eigenleben

Helen

Unser Gehirn ist ein Wunder. Es ist der Sitz unserer Gefühle und Gedanken. Es beeinflusst entscheidend, warum wir jene Gefühle haben, die wir haben, und warum wir jene Gedanken denken, die wir denken. Wissenschafter haben schon unzählige Stunden investiert, um die Geheimnisse und Verwicklungen unseres wichtigsten Organs zu erforschen und ihre Erkenntnisse auf tausenden Seiten festgehalten.

Sie fragen nun vielleicht, was Gehirnforschung mit einem Buch über Partnerschaft und Ehe zu tun haben könnte.

Unsere Antwort: Sehr viel!

Ein Reptil und ein Vogel?

Man kann unser Gehirn in zwei Teile unterteilen – in einen tiefer liegenden Gehirnteil (Stammhirn), der auch den symbolischen Namen „Krokodil" trägt, und einen höher liegenden Gehirnteil (Großhirn), der symbolisch auch „Eule" genannt wird. Der tiefer liegende Gehirnteil wird oft auch als „Reptilien-Gehirn" bezeichnet. **Es reagiert äußerst rasch, wie Krokodile das tun, ohne sich davor die Zeit zu nehmen, die Situation zu analysieren.** Wenn Sie aus Versehen einen glühend heißen Stein berühren, werden Sie Ihre Hand sofort wieder zurückziehen. Diese Bewegung läuft ab, ohne dass Sie darüber nachdenken müssen. Ihr tiefer liegendes Gehirn bewahrt Sie vor einer schlimmen Verbrennung.

Die Aufgabe dieses tiefer liegenden Gehirnteils ist rasch erklärt: Er sichert das **ÜBERLEBEN. Seine Aufgabe besteht darin, sich selbst (und Sie) vor jeder Gefahr zu beschützen**. Er reagiert rascher als die Geschwindigkeit unserer Gedanken je sein kann.

Krokodile liegen die meiste Zeit faul im Wasser herum. Sie bewegen sich oft lange nicht, sodass wir glauben, da läge ein Stein oder Baumstamm. Oder sie kriechen aus dem Wasser und sonnen sich dann höchst zufrieden im Uferschlamm. Sie scheinen friedliche und völlig harmlose Tiere zu sein. Vor derart trägen Tieren braucht man wahrlich keine Angst zu haben, nicht wahr?

Sobald sich ein Krokodil aber bedroht fühlt, wird es HÖCHST GEFÄHRLICH!

Von der Spitze seiner langen Schnauze bis zu seinem unglaublich starken Schwanz kann ein Krokodil ein zerstörerisches Muskelpaket sein. Kommt es erst einmal in Rage, ist es LEBENSGEFÄHRLICH! Deshalb ist es am besten, das „Krokodil" im Gehirn Ihres Partners nicht zu provozieren – besonders nicht am Abend. Denn wer möchte neben so einem Ungeheuer mit unzähligen messerscharfen Zähnen im Bett liegen?

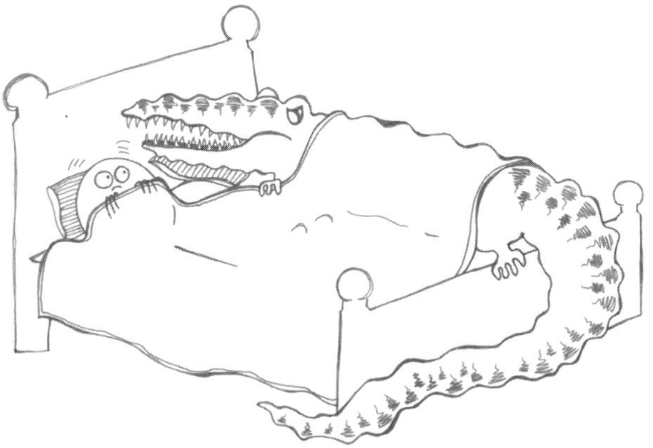

Glücklicherweise haben wir alle auch den höher liegenden Gehirnteil. Wir können ihn „Eule" nennen – und die Eule hilft uns, das Krokodil im Auge zu behalten. Auf den ersten Blick kann man sich zwar kaum vorstellen, dass unser gefiederter Freund es jemals mit der Urgewalt eines Krokodils aufnehmen könnte. Aber die Begabung einer Eule, Situationen zu beobachten und strategisch zu handeln, macht es ihr möglich, der Gefahrenzone des Krokodils auszuweichen und es sogar an der Nase herumzuführen!

Unseren höher liegenden Gehirnteil können wir also mit einer Eule vergleichen. Sie besitzt die Fähigkeit, kreativ zu denken und komplizierte Prozesse zu verstehen. Sie ordnet unsere Erfahrungen, sammelt Daten und löst Probleme erfolgreich – denn sie ist stets auf der Suche nach effektiveren Wegen, Dinge zu tun. Die Eule kann den Intellekt des höheren Gehirnteils mit unseren Erinnerungen und Emotionen verknüpfen – so hilft sie uns, mit unseren Gefühlen umgehen zu lernen.

Und was besonders beeindruckend ist, Eulen sind begabt dafür, „Win-win-Situationen" zu schaffen, damit Situationen einen glücklichen und sicheren Ausgang nehmen können. Dieser Teil Ihres Gehirns war es auch, der entschied, dieses Buch zu kaufen.

Können Sie diese zwei unterschiedlichen Gehirnteile auch bei sich selbst beobachten – das rasch und dramatisch reagierende Krokodil und die überlegte und einfühlsame Eule?

Hier ein Beispiel für das Auftauchen unseres Krokodils in einer Alltagssituation. Nehmen wir an, Sie hätten eine nette kleine Überraschung für Ihren Partner vorbereitet. Es war vereinbart, dass er um sechs Uhr Abend nach Hause kommen sollte.

Nun ist es 18.30 Uhr.

Niemand kommt, niemand ruft an.

Sie lassen die Uhr nicht aus den Augen.

Nun ist es bereits 19.15 Uhr.

Das ist wirklich eine *Frechheit!* Wie **respektlos**!

Ihr innerer Ärger wächst und WÄCHST ...

Wenn Ihr Partner dann endlich durch die Tür spaziert, wird Ihr Krokodil-Gehirn eine von zwei Reaktionen wählen – je nachdem, ob Sie eine Schildkröte oder ein Hagelsturm sind.

Die Kombination Schildkröte-Krokodil hat sich bereits völlig zurückgezogen. Und ohne Dynamit kann niemand mehr diese Schildkröte aus ihrem Panzer hervorlocken. Wenn Sie der zuspätkommende Partner sind, ernten Sie einen eiskalten Blick, während der Krokodilschwanz zornig und angsteinflößend auf den Boden klopft.

Die Kombination Hagelsturm-Krokodil ist bereit zum Angriff. Ihre volle Aufmerksamkeit ist auf das Türschloss gerichtet. Sobald sie einen Schlüssel im Schloss hört, SCHNAPPT sie zu. Der Zuspätkommende betritt den Raum und erwartet hier seinen Partner. Aber stattdessen überfällt ihn ein vor Wut rasendes Krokodil mit voller Wucht – mit gebleckten Zähnen, bereit zum Kampf. Klingt schlimm, nicht wahr?

Eine bildhafte Erklärung dieser beiden Szenen ist jene, dass Ihr Krokodil Ihrer Eule **die Energie raubt und sie blockiert**. Das bedeutet, dass Ihr tiefer liegender Gehirnteil so stark aktiviert ist, dass Sie zeitweise keinen Zugang zu Ihrem höher liegenden Gehirnteil mehr finden können. Jede Chance auf einen vernünftigen Umgang mit dieser Situation ist verspielt.

Im Krokodil-Modus gibt es nur zwei instinktive Arten zu reagieren: **mit Kampf (Hagelsturm) oder mit Flucht (Schildkröte)**. Es gibt keine anderen Optionen. Später, wenn wir die Verbindung zum höher gelegenen Teil unseres Gehirns wieder hergestellt haben, könnten wir sagen: „Es tut mir leid. Ich habe die Nerven verloren." Und gewissermaßen stimmt das ja auch. In jenem Moment hatten wir die Verbindung zu den höheren, zur Problemlösung geeigneten Gehirnnerven verloren.

Und nun etwas wirklich Bemerkenswertes ...

Sie denken vermutlich, dass Sie keine Kontrolle über solch instinkhafte Reaktionen haben. Aber Sie haben Macht darüber! **Sie haben die Macht zu wählen, welchen Teil Ihres Gehirns Sie verwenden, wenn Sie mit Ihrem Partner kommunizieren und auf ihn reagieren.** Das hilft Ihnen in zweierlei Hinsicht sehr.

Erstens, wenn Sie sich über etwas ärgern, was Ihr Partner sagt oder macht, ermöglicht die Eule Ihnen, freundlich zu reagieren, anstatt einen Konflikt zu schaffen oder zu verlängern. Und zweitens schenkt Ihnen die innere Eule die Chance, bewusst zu wählen, wie Sie handeln und sprechen können, ohne die „Knöpfe" Ihres Partners zu drücken. Mit anderen Worten, Sie haben die Wahl so zu reagieren, dass das schlafende Krokodil Ihres Partners nicht aufgeweckt wird (eine schöne Metapher, nicht wahr?)

Nun zurück zu jenem unglückseligen Abend, als Sie eine kleine Überraschung für Ihren Partner vorbereitet hatten – und Ihr Partner zu SPÄT kam.

Nehmen wir an, Sie hätten nicht dem Krokodil nachgegeben, sondern sich den Rat gegeben, die Eule die Situation analysieren zu lassen. Ob Sie es nun glauben oder nicht, diese **kleine Entscheidung hat die Macht, das Krokodil zu bremsen, *bevor* es die Führung übernimmt**. Es klingt fast zu einfach, um wahr zu sein – aber so ist es. Wir möchten nicht behaupten, dass die Entscheidung, gewisse Dinge aus der Perspektive der Eule anzusehen, alle Frustrationen auflösen kann. Aber sie kann verhindern, dass Sie sich Hals über Kopf in die Kampf- oder Fluchtreaktionen des Krokodils stürzen.

Anstatt anzunehmen, Sie wüssten, warum Ihr Partner zu spät kommt, könnten Sie sich mit der Frage beschäftigen, warum er zu spät kommt (denken Sie daran, es hilft, offen und aufnahmebereit zu sein). Vielleicht fällt Ihnen auch etwas ein, was das Zuspätkommen erklären könnte. Und Sie werden merken, je aufnahmebereiter Sie werden, desto mehr lassen Ihr Ärger und Ihre Irritation nach.

Vielleicht finden Sie auch etwas Zeit, um darüber nachzudenken, in welchem Zusammenhang Ihr aktueller Ärger mit Erfahrungen Ihrer Kindheit steht. Kamen Ihre Eltern oft zu spät? Haben sie Sie enttäuscht, wenn Sie ein kleines Geschenk für sie vorbereitet hatten oder einen anderen Liebesbeweis erbrachten? Mögliche Zusammenhänge zwischen Ihrer aktuellen Frustration und Ihrer Vergangenheit zu erkennen, wird Ihnen in Erinnerung rufen, dass 90 Prozent unserer Probleme mit dem Partner mit unserer Kindheit zu tun haben.

Und wenn die Beschäftigung mit unterschiedlichen Gründen, warum Ihr Partner zu spät nach Hause gekommen sein könnte, Ihr Krokodil nicht so rasch zähmt, wie Sie das gerne hätten, können Sie daran denken, dass Ihr Partner höchstwahrscheinlich gar nicht wusste, dass Sie eine Überraschung vorbereitet hatten – und dass er folglich nicht *absichtlich* zu spät kam. Sie können sich auch an Situationen erinnern, wo Sie selbst Ihrem Partner gegenüber nicht vorbildlich handelten – und vermutlich gab es auch Situationen, wo Ihr Partner verständnisvoll und rücksichtsvoll auf Schwächen Ihrerseits reagierte.

Das Ziel hier ist, Dinge zu tun, die verhindern, dass das schlafende Krokodil geweckt wird. Ihre Eule könnte vorschlagen, dass Sie sich vor dem Fernsehapparat entspannen. Vielleicht wäre gerade das ein guter Zeitpunkt, jene Show anzusehen, die Sie vergangene Woche aufgenommen haben – und die Ihr Partner ohnehin nicht ansehen wollte. Oder Sie hören Ihre Lieblings-CD. Sie könnten sogar Ihre Hochzeits-DVD ansehen oder die Fotos Ihrer Hochzeitsreise hervorholen.

Sollten Sie noch immer einen gewissen Ärger in Ihrem Bauch verspüren, so können Ihnen ein kurzer Spaziergang um den Häuserblock oder andere Turnübungen Beruhigung schenken. Körperliche Bewegung eignet sich sehr gut dafür, unser inneres Krokodil zu besänftigen.

Wenn Ihr Partner dann endlich nach Hause kommt, wird er nicht mit den Worten „WO ZUR HÖLLE BIST DU GEWESEN, DU ..." begrüßt (hier können Sie ein Schimpfwort Ihrer Wahl einsetzen), sondern von einem ruhigen, überlegten und ausgeglichenen Partner empfangen.

Anstatt wie ein Krokodil nach ihm zu schnappen, können Sie beispielsweise sagen: „Weißt du, ich dachte, dass du heute um sechs Uhr nach Hause kommst. Ich habe eine kleine Überraschung für uns vorbereitet. Und langsam machte ich mir auch schon Sorgen. Bist du okay? Was ist der Grund deiner Verspätung?" Und wenn Ihr Partner antwortet, dann sagen Sie: „Lass mich bitte einmal schauen, ob ich das richtig verstanden habe", und spiegeln Sie seine Worte. Spiegeln ist wie den Bauch des Krokodils zu kraulen und kann das Ungeheuer weiter beruhigen.

Sie müssen keinen formellen Imago-Dialog führen, um die Worte Ihres Partners zu spiegeln – aber es ist ein großartiges Werkzeug, um sich selbst und den Partner zu besänftigen.

Wenn Sie ruhig geworden sind, wird es auch wieder möglich sein, die Worte Ihres Partners tatsächlich gelten zu lassen und sich in seine Gefühle einzufühlen. Vielleicht erfahren Sie dann, dass am Arbeitsplatz Ihres Partners ein Notfall eingetreten war oder dass Sie bezüglich seiner Ankunftszeit aneinander vorbeigeredet haben. Wenn Sie erkennen, dass das Handeln und die Gefühle Ihres Partners aus *dessen eigener Perspektive* wirklich Sinn machen, sind Sie schon in der Zielgeraden. Denn das beweist mehr als alles andere, dass Sie Ihren Partner als einzigartige und eigene Persönlichkeit ansehen und nicht als Erweiterung Ihrer eigenen Person.

Anstatt mit einem Krokodilschwanz halb bewusstlos geschlagen zu werden, erlebt Ihr Partner, dass Sie seine Worte spiegeln, gelten lassen und sich in ihn einfühlen. Vielleicht können Sie ihm auch erzählen, warum Sie diese Erfahrung an Ihre Kindheit erinnert – und Ihr Partner kann das verstehen. Und plötzlich hören Sie, wie Ihr Partner anerkennt, wie ärgerlich es für *Sie* gewesen sein muss, sich so viel Mühe mit einer Überraschung zu machen und dann so lange auf einen Partner zu warten, der viel zu spät erscheint.

Ihr Partner bittet Sie um Entschuldigung.

Sie nehmen seine Entschuldigung an.

Sie fallen einander in die Arme und genießen das (natürlich aufgewärmte) Abendessen.

Seufzer der Erleichterung – und beiden fällt ein Stein vom Herzen.

Vielleicht können Sie die Abmachung treffen, dass Ihr Partner als Ausgleich dazu die Initiative für den nächsten gemeinsamen romantischen Abend übernehmen kann.

Herzliche Gratulation! Sie haben den Weg durch krokodilverseuchtes Wasser gefunden, ohne die beiden schlafenden, aber furchterregenden Bestien aufzuwecken. Und Sie wissen nun, wenn Ihr Partner etwas sagt oder tut, das Ihr Krokodil aktiviert, können Sie *wählen*, auf eine Art und Weise zu *reagieren*, die Verbindung aufbaut, anstatt auf zerstörerische Weise.

Auch wenn es darum geht nachzudenken, wie Sie sich Ihrem Partner gegenüber verhalten, kommt eine Überprüfung durch Ihre Eule sehr gelegen. Bevor Sie mit Ihrem Partner über etwas sprechen, was Sie belastet, oder eine Handlung setzen, von der Sie wissen, dass sie Ihren Partner bereits in der Vergangenheit verärgert hat, stellen Sie sich selbst die Frage: **Wird das, was ich tun oder sagen möchte, das Krokodil in meinem Partner aufwecken?**

Bitte beachten: Ihren ersten Gedanken können Sie nicht kontrollieren – wohl aber, mit Hilfe Ihrer inneren Eule, Ihren zweiten Gedanken!

Das Krokodil ist übrigens nicht generell negativ zu sehen. Es ist ein wichtiger Teil unseres Gehirns, auf den wir keinesfalls verzichten möchten. Sonst wären wir angesichts echter Gefahr viel zu verletzlich. Wenn Sie raschen Zugriff auf Ihre Instinkte brauchen, kommt das Krokodil sehr gelegen. Wir brauchen aber die Eule zusätzlich, um eine gute Balance zu finden.

Mehr über die beiden unterschiedlichen Teile unseres Gehirns zu lernen, war äußerst hilfreich für mich. Ich wollte Harville gegenüber schließlich kein launisches Krokodil sein (es gibt wirklich Schöneres!). Und auch mir selbst wollte ich das nicht zumuten (die schuppige Krokodilhaut, denken Sie nur!). Als ich erkannte, dass es an mir lag, mich zu entscheiden, tat ich mein Bestes, um so oft als möglich mit Hilfe meiner inneren Eule zu reagieren. Allein das hatte eine unglaublich gute Wirkung auf unsere Ehe.

Natürlich erfordert all das einiges an Übung. Aber Sie kennen nun Wahlmöglichkeiten, die Sie vor dem Lesen dieses Buches nicht kannten – und Werkzeuge, die Sie wirklich unterstützen. Wir können andere Menschen nicht kontrollieren (so gern wir das oft tun würden). Wir können nur uns selbst kontrollieren – unsere Gedanken, Antworten, unsere Aktionen und Reaktionen. Wenn wir es so betrachten, wird es uns leichter fallen, den Fokus auf das zu legen, was wir verändern KÖNNEN: auf uns selbst. Und es hilft uns aufzuhören, uns auf das zu konzentrieren, was wir nicht verändern können: auf unseren Partner.

Zwischen Eule und Krokodil wählen zu lernen ist entscheidend – es bedeutet, Eigenverantwortung zu übernehmen. Das kann unglaubliche Veränderungen bewirken!

Erkenntnis 8 Unser Gehirn hat ein gewisses Eigenleben

Übung Liebevolles Denken trainieren

Als Beginn

1. Nehmen Sie sich 10 bis 15 Minuten Zeit für diese Übung. Ziehen Sie sich an einen ruhigen und ungestörten Platz zurück. Sie können sich bequem hinsetzen, Ihre Augen schließen, sich fünf Minuten lang ganz auf Ihren Atem konzentrieren und dabei Ihre eigenen Atemzüge zählen. (Sie können dazu einen Küchenwecker oder den Alarm Ihres Mobiltelefons benützen.) Wenn Sie sich verzählen sollten, beginnen Sie einfach wieder von Neuem – bis die fünf Minuten vorbei sind.

2. Denken Sie nun an etwas, das Sie ziemlich an Ihrem Partner/Ihrer Partnerin „nervt". Konzentrieren Sie sich zwei Atemzüge lang mit Ihrer ganzen Kraft darauf. Lassen Sie diesen Gedanken wieder los und richten Sie Ihre Aufmerksamkeit stattdessen auf etwas, das Sie an Ihrem Partner/Ihrer Partnerin sehr lieben. Konzentrieren Sie sich fünf tiefe Atemzüge lang darauf. Dann kommt eine kurze Pause, danach noch einmal fünf Atemzüge lang der Gedanke an das, was Sie so lieben an Ihrem Partner/Ihrer Partnerin, danach ein weiteres Mal – insgesamt fünf Minuten lang.

3. Und nun stellen Sie sich Ihren Partner/Ihre Partnerin vor. Wie sah er/sie aus, als Sie geheiratet haben? In einer Situation, wo er/sie sehr traurig war? Und in einer Situation, wo Sie besonders stolz auf ihn/

sie waren? Mit diesem inneren Bild Ihres Partners/Ihrer Partnerin vor Augen sagen Sie nun laut zu sich selbst: „Mein Partner/meine Partnerin ist ein menschliches Wesen. Genauso wie ich versucht er/sie das Beste, begeht manche Fehler, fühlt Schmerz und Traurigkeit – und hat tiefe Sehnsucht danach, geliebt zu werden." Senden Sie Ihrem Partner/Ihrer Partnerin an dieser Stelle liebevolle Gedanken.

Für die nächste Zeit

Nehmen Sie diese Übung in den weiteren Verlauf Ihres Übungsprogrammes auf, und zwar für jene Tage, an denen Sie einander Wertschätzungen schenken. Ziel ist es, so gut zu trainieren, dass Sie sich relativ rasch in diese meditative Stimmung versetzen können. Das wird Ihnen helfen, immer problemloser mit Ihrer inneren Eule verbunden zu bleiben, während Sie zuhören, was Ihren Partner frustriert.

Zur Erinnerung

Sie haben die Macht, neue Verbindungen in Ihrem Gehirn zu knüpfen.
An einer partnerschaftlichen Ehe zu arbeiten
verändert nachweislich Ihre hormonelle Situation und
lässt neue, hilfreiche Neuronenverbindungen entstehen.

Erkenntnis 9

Ihre Partnerschaft ist wirklich zum Lachen

Harville

Seien wir ehrlich, auch in der besten Partnerschaft gibt es ab und zu ernste Probleme. Die Probleme *allzu ernst* zu nehmen ist jedoch keine gute Lösung. Es ist eine Kunst zu wissen, wann man die Dinge leicht nehmen soll. Manche Paare arbeiten so hart an ihrer Beziehung, dass sie völlig darauf vergessen, gemeinsam fröhliche Zeiten zu erleben.

Wenn ein Paar miteinander glücklich sein möchte, muss es wissen, dass Humor und Freude entscheidende Faktoren sind. Einen „Lebenskünstler" im Bereich der Partnerschaft erkennt man daran, dass er auch an schlimme Probleme mit einer gewissen Leichtigkeit herangeht und eine Atmosphäre schafft, die für beide Partner zufriedenstellende Lösungen ermöglicht.

Denn in unserem Leben ist nicht die Arbeit das Wichtigste, genauso wenig wie die Frage, wen wir kennen oder wie viel wir besitzen. All das macht uns nicht glücklich. Im Wesentlichen geht es darum, *wer* wir in unserem tiefsten Wesenskern sind – und wie gesund unsere Beziehung zu anderen Menschen ist.

In unserem tiefsten Wesenskern lebt die FREUDE. Freude entspricht unserer menschlichen Natur – und erfüllt uns vom Moment unserer Geburt an.

Vögel fliegen in Schwärmen. Hunde leben in Rudeln. Pferde in Herden. Auch wir Menschen sind durch und durch Beziehungswesen.

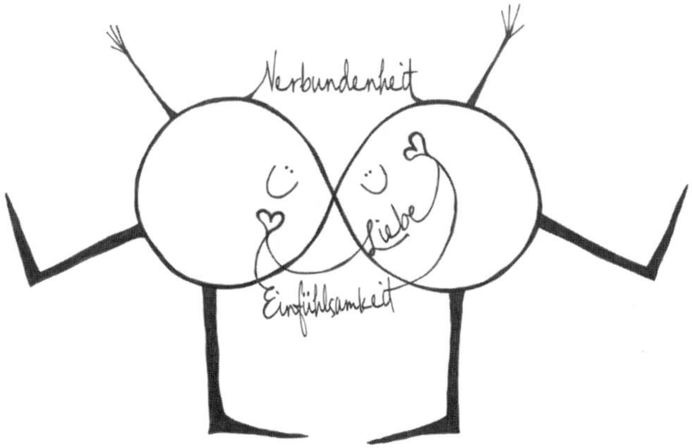

Wir Menschen sind durch und durch Beziehungswesen!

Verbundenheit und Freude sind zwei Seiten derselben Medaille. Wir können keine wahre Freude finden, solange unsere zwischenmenschlichen Beziehungen nicht friedvoll sind.

Wir glauben daran, dass es auch Ihre Bestimmung ist, in dieser ursprünglichen und zutiefst beglückenden FREUDE zu leben.

Bevor Sie diese Freude genießen können, müssen Sie jedoch Ihre Augen für eine sehr wichtige Tatsache öffnen. Es gibt einen todsicheren Weg, Ihre innere Freude abzutöten ...

Ihre Partnerschaft ist KEINE Rate-Show

Haben Sie schon jemals zu Ihrem Partner (oder insgeheim zu sich selbst) gesagt:

„Würde mein Partner mich wirklich lieben, so müsste er doch wissen, was ich mir wünsche ..."

„Wir sind nun schon seit mehr als 12 Jahren zusammen. Warum weiß er noch immer nicht, dass ...?"

Es macht keinen Unterschied, ob Sie seit zwei Monaten oder seit 22 Jahren zusammen sind. Wenn es Probleme in Ihrer Partnerschaft gibt, dann könnte das daran liegen, dass Sie ...

... erstens erwarten, dass Ihr Partner weiß, was Sie fühlen, möchten und brauchen (ohne es ihm jemals gesagt zu haben), und/oder

... zweitens davon überzeugt sind zu wissen, was Ihr Partner fühlt und was er sich wünscht (ohne ihn jemals gefragt zu haben).

Anzunehmen, dass Ihr Partner Gedanken lesen kann, oder selbst die Gedanken des Partners zu lesen versuchen, ist wie Gift für Ihre Partnerschaft. Ähnlich wie die Kritiksucht können sich diese beiden Verhaltensweisen äußerst zerstörerisch auswirken – und jegliche Freude aus Ihrer Partnerschaft vertreiben.

Wenn Sie Dinge erwarten, voraussetzen oder gar fordern, fühlt Ihr Partner sich wie ein Objekt. Im Grunde vermitteln Sie nämlich Ihrem Partner mit diesem Verhalten: „Du existiert nur, um MEINE Bedürfnisse zu erfüllen." Aber was sollen wir denn sonst tun, wenn wir nicht Gedanken lesen, stillschweigende Erwartungen hegen oder manche Dinge einfach voraussetzen dürfen?

Das ultimative Fürsorge-Paket

FRAGEN Sie Ihren Partner! Wenn Sie Ihrem Partner Freude bereiten möchten, müssen Sie ihn *fragen*, anstatt ihn zu bevormunden. Und es ist wichtig, Ihrem Partner *wirklich zuzuhören* und ihm zu schenken, worum er Sie bittet. Für Ihren Partner gilt natürlich dasselbe.

So kommen wir zu der Übung „Liebevolle Verhaltensweisen". Diese Übung ist *die* ideale Chance, mit Ihrem Partner auszutauschen, wodurch Sie sich wirklich geliebt fühlen. Dies sind im Allgemeinen jene Verhaltensweisen, die Sie sich von Ihrem Partner wünschen, aber bisher geheim gehalten haben. Jene Verhaltensweisen, von denen Sie hofften (oder, um ganz ehrlich zu sein, voraussetzten), dass Ihr Partner sie erraten könnte. Jene Verhaltensweisen, durch deren Unterlassen Sie enttäuscht von Ihrem Partner sind. (Natürlich können Sie gern jene Dinge einschließen, die Ihr Partner *bereits macht* und Ihnen damit das Gefühl gibt, geliebt zu sein.)

Das ist doch unglaublich – Sie waren enttäuscht von Ihrem Partner, weil er nicht alles erraten konnte, was Sie glücklich macht. Obwohl es die ganze Zeit über in *Ihrer eigenen* Verantwortung lag, es ihm zu sagen. Jeder Mensch fühlt sich auf andere Weise geliebt. Ihr Partner kann sich dadurch geliebt fühlen, dass Sie ihm morgens eine Tasse Kaffee ans Bett bringen, oder dadurch, dass Sie ihm Zeit geben, sich am Wochenende ungestört auf Reparaturarbeiten im Haus konzentrieren zu können. Manche Menschen lieben eine Rückenmassage, andere einen gemeinsamen Abend in der Stadt.

Einmal arbeitete ich mit einem Paar, dem die Übung „Liebevolle Verhaltensweisen" offensichtlich Probleme bereitete, was selten vorkommt. Bei dieser Übung fühlen sich die Paare meist sehr wohl und genießen die gemeinsame Arbeit. Ich fragte also, was sie belastete.

„Naja", sagte sie, „wissen Sie, ich habe da so eine Fantasie ..."

„Aber sie möchte mir nicht sagen, um welche Fantasie es sich handelt", beklagte sich ihr Ehemann.

„Sie betrifft unser Liebesleben ..."

Ich ermutigte sie, es ihrem Mann zu sagen, aber sie kämpfte noch sehr mit sich. Schließlich gab sie mir zu verstehen, dass sie mir etwas ins Ohr flüstern wolle, und tat es dann auch.

Ich hörte es, wollte ihr Sicherheit geben und sagte: „Das ist absolut in Ordnung! Ich bin sicher, Ihr Mann möchte gerne wissen, was Sie sich wünschen."

Sie musste schlucken, sah ihren Partner tapfer an und erklärte: „Ich habe mir immer gewünscht, dass du an meiner großen Zehe saugst, wenn wir miteinander ins Bett gehen."

Das Gesicht ihres Mannes erhellte sich schlagartig und schelmisch antwortete er: „Na klar mach ich das!"

Oft ist es eine unglaubliche Erfahrung, die Vertiefung der Verbundenheit zwischen zwei liebenden Menschen miterleben zu dürfen.

Solche magischen Momente können aber nicht stattfinden, wenn Sie weiterhin schweigen.

Sie *müssen* einander vieles einfach sagen.

Noch einmal zurück zu Helen und mir. Da ich ein glühender Fan von *Star Trek* bin, dachte Helen immer, ich würde auch alle Fanartikel dieser Serie lieben. Also überraschte sie mich fortwährend mit Kugelschreibern, Kaffeetassen, Handtüchern, T-Shirts ... Sobald irgendwo ein *Star Trek*-Logo darauf war, ergänzte Helen mit Sicherheit meine Sammlung damit.

Jedes Mal, wenn wir die Übung „Liebevolle Verhaltensweisen" absolvierten, lag es mir auf der Zunge ihr zu erzählen, was ich mir wirklich wünschte – aber ich wollte Helens Gefühle nicht verletzen. Eines Abends spürte ich, dass ich den Sprung ins kalte Wasser wagen musste. Als wir uns zu diesem Thema austauschten, sagte ich ganz vorsichtig: „Helen, ich schätze es sehr, dass du mir diese Woche wieder ein Badetuch mit *Star Trek*-Logo gekauft hast. Aber ehrlich gesagt ist es nicht das, wodurch ich mich geliebt fühle. Ein riesengroßes Geschenk für mich wäre es, ab und zu ungestört eine oder zwei Folgen davon *ansehen* zu können."

„Oh, mein Gott", rief Helen und lachte über das ganze Gesicht. „Harville, du armer Kerl – du besitzt jeden Fanartikel der Serie *Star Trek*, den ein Mensch (oder ein Alien) nur besitzen kann, aber du wünschst dir eigentlich etwas anderes."

In diesem Moment erkannte ich, dass meine Befürchtungen, Helens

Gefühle zu verletzen, unbegründet gewesen waren. Für Helen war es vor allem wichtig zu erfahren, was ich mir wirklich wünschte. Sie war nicht gekränkt sondern sehr *glücklich* über meine Ehrlichkeit. Und sie freute sich riesig, dass sie durch diese neuen Informationen nun hohe Erfolgschancen bei ihren liebevollen Verhaltensweisen für mich hatte.

Von jenem Tag an kaufte Helen mir keine *Star Trek*-Fanartikel mehr. Aber sie tat etwas, das mich tief berührte. Wenn ich ein wenig Zeit für einen *Star Trek*-Marathon erübrigen konnte, huschte sie kurz vor Beginn zu mir ins Zimmer. Sie brachte mir eine Schüssel Popcorn und selbst gemachte Limonade. Dann schüttelte sie ein Kissen auf und steckte es liebevoll hinter meinen Rücken. Sie gab mir einen lieben Abschiedskuss und unterbrach mich nicht, bis mein Minimarathon vorüber war. Ich fühlte mich wie im Paradies!

Wir können Ihnen nur wärmstens ans Herz legen, Ihrem Partner Ihre geheimen Wünsche anzuvertrauen!

Es hat sich bewährt, alle paar Monate 30 Minuten lang liebevolle Verhaltensweisen, die Sie sich wünschen, aufzuschreiben und diese Listen an einer Stelle aufzuhängen, wo Sie beide sie jeden Tag sehen können. Sie können sich auch in Form eines Dialoges darüber austauschen. Manche der Dinge, die Sie sich wünschen, werden für Ihren Partner einfach klingen, andere jedoch nicht. Wählen Sie jene, die umsetzbar erscheinen, und verwirklichen Sie diese Wünsche so oft als möglich. Und beobachten Sie, wie die Freude Ihres Partners blüht und gedeiht!

Ganz wichtig ist es, **liebevolle Verhaltensweisen immer als Geschenk anzusehen.**

Machen Sie nie den Fehler zu meinen, dass liebevolle Verhaltensweisen nur netter Firlefanz sind. Durch diesen Einsatz für Ihren Partner können Sie ihm Schritt für Schritt seelische Heilung schenken. Außerdem **können Sie durch Ihre Bitte um das, was Sie sich wünschen, rascher aus der Opferrolle aussteigen** als durch alle anderen Anregungen in diesem Buch. Und es macht sogar SPASS!

Liebevolle Verhaltensweisen trainieren auch Ihr Gehirn. Sie kennen das Gefühl, ein äußerst passendes Geschenk für jemanden zu finden. Ein absolutes Hochgefühl, nicht wahr? Genauso ist es mit liebevollen Verhaltensweisen. Wenn Sie Ihren Partner damit beschenken, haben Sie danach oft den Eindruck, *Sie selbst* hätten ein Geschenk erhalten. Und zwar deshalb, weil das Krokodil in Ihrem Gehirn den Unterschied zwischen Schenken und Bekommen nicht erkennt.

Liebevolle Verhaltensweisen wirken wie ein Lufterfrischer auf Ihre Partnerschaft – sie verbreiten einen wunderbaren Duft von Leichtigkeit und Freude.

Und wenn Sie den Einsatz noch erhöhen wollen, dann achten Sie auf beiläufige Wünsche. (Keine Angst, sie sind viel netter, als sie klingen.) Beiläufige Wünsche sind jene spontanen Wünsche, die Ihr Partner nur nebenbei erwähnt, deren Erfüllung er aber nicht erwartet. Das könnte ein Ölwechsel beim Auto sein, ein neues Hobby oder ein freier Tag ohne Kinder. Versuchen Sie einen beiläufigen Wunsch aus den Gesprächen Ihres Partners herauszuhören, wählen Sie einen aus und überraschen Sie ihn einmal pro Monat damit.

Helen arbeitet sehr viel und ist manchmal so beschäftigt, dass sie darauf vergisst, sich selbst Gutes zu tun. Eines Tages gingen wir gemeinsam ins Büro und Helen erwähnte wehmütig, dass es schon lange her sei, seit sie ihre letzte Yoga-Stunde besucht hätte. Ihr Terminkalender war ziemlich voll, aber ich entdeckte eine Lücke von 90 Minuten in der darauffolgenden Woche. Also suchte ich einen Yogalehrer, der zu Helen in die Praxis kam und in diesem Zeitfenster Yoga mit ihr übte. Sie können sich Helens Überraschung und Freude kaum vorstellen.

Eine beiläufige Bemerkung wahrzunehmen vermittelt eine sehr starke Botschaft. Dies sagt Ihrem Partner: **„Ich schenke dir meine Aufmerksamkeit. Ich höre dir zu, wenn du laut träumst. Du bist mir wirklich wichtig – jeden Tag und jeden Moment."**

Je öfter ein Paar lacht, desto geringer ist sein Scheidungsrisiko

Viele wissenschaftliche Untersuchungen belegen, wie außerordentlich wichtig es ist, miteinander Spaß zu haben.

Freude aktiviert unser Gehirn, mehr von jenen Gehirnbotenstoffen zu produzieren, die uns glücklich machen und das Gefühl von Verbundenheit schenken. Mit anderen Worten, durch Freude produziert Ihr Gehirn noch mehr Freude. Oxytocin, auch „Liebeshormon" genannt, ist einer dieser Botenstoffe. Es kann ebenso als Bindungs-Hormon bezeichnet werden, denn es sorgt für die hormonelle Verbundenheit zwischen Mutter und neugeborenem Kind.

Aber auch Männer produzieren Oxytocin. Es schenkt nicht nur angenehme Gefühle, sondern reduziert nachweislich unseren Stress, stärkt das Immunsystem, senkt den Blutdruck und sogar das Risiko von Herzerkrankungen.[1]

Wie schön ist es zu hören, dass es so konkrete und weitreichende Effekte hat, Spaß mit meinem Partner zu haben! Und was besonders erstaunlich ist: Das Hormon Oxytocin schenkt uns die Macht, in ständigem Kontakt mit unserer inneren Eule zu bleiben, anstatt uns in die feindselige Bestie des Krokodils zu verwandeln (siehe Kapitel 8). Es ist ein wahrlich gutes Gefühl, über mein Verhalten selbst entscheiden zu können.

Wir können diesen Weg, der uns stärkt und ermächtigt, gehen, indem wir einander liebevolle Verhaltensweisen zeigen, das Lachen in unsere Partnerschaft hereinholen, Zärtlichkeiten austauschen und die pure Lebensfreude in unser Schlafzimmer einladen.

Wussten Sie eigentlich, dass Spaß so viele positive Auswirkungen hat?

Wenn wir Ihnen raten, Sie sollen Lachen und Humor in Ihre Partnerschaft bringen, wissen wir auch, dass das nicht so einfach für Sie sein mag, wie es klingt. Für uns war es auch nicht einfach. Helen und ich sind in dieser Hinsicht eher Langeweiler. Wir haben eine Spaß-Behinderung und ein Humor-Defizit. Wenn Sie diesen Satz humorvoll finden, liegt das daran, dass wir hart an der Formulierung gearbeitet haben (und wenn

Sie ihn nicht humorvoll finden, dann seien Sie bitte nachsichtig mit uns, wir werden weiterhin unsere humorvolle Seite zu fördern versuchen).

Als wir erkannten, wie wichtig es ist, mehr Spaß und Leichtigkeit in unser gemeinsames Leben zu bringen, begannen wir damit, uns Kabarett-Sendungen anzusehen, Witze und Pointen zu merken und gegenseitig zu erzählen, und Komödien auf DVD anzusehen. Eines Tages beschlossen wir, während des ganzen Abendessens Groucho Marx-Brillen zu tragen, obwohl es uns unheimlich schwerfällt, lächerliche Sachen zu machen. Aber dieses Abendessen war ein Durchbruch in Sachen Humor.

Eine weitere Übung, um den Humor in unserer Partnerschaft zu stärken, besteht darin, zu hüpfen und gleichzeitig zu lachen. Bei dieser Übung sehen Sie einander an, öffnen Ihren Mund und sagen bewusst: „Ha, Ha, Ha", wobei Sie fröhlich hüpfen. Vermutlich verdrehen Sie nun entsetzt Ihre Augen. Es stimmt, diese Übung klingt wirklich zu dumm – *aber genau darum geht es ja schließlich.*

Es ist nicht möglich, gleichzeitig zu lachen und einander zu verletzen.

Schildkröte, Hagelsturm und Krokodil haben schließlich absolut nichts Lustiges an sich.

Hagelsturm, Schildkröte und Krokodil können Humor nicht ausstehen.

Wie beim Kommunizieren in Form von strukturierten Dialogen (siehe Kapitel 5) kann es durchaus ein unbehagliches Gefühl verursachen, uns zu dehnen, um solche Verhaltensweisen zu verwirklichen. *Natürlich* kamen Helen und ich uns dumm vor mit unseren Groucho Marx-Brillen (aber noch einmal, das war ja der Zweck dieser Übung). Und wir hätten es nie gewagt, die Brillen aufzusetzen, wenn unsere Kinder in der Nähe gewesen wären – sie halten uns ohnehin schon für ziemlich dumm.

Es ist wichtig, sich immer wieder bewusst zu machen, dass diese Art von Unbehagen förderlich ist. Denken Sie an das Dehnungsprinzip (siehe Kapitel 3). Dieses Unbehagen bedeutet, dass Sie Wachstumsschritte machen. Jene Verhaltensweisen, die Ihnen helfen, Ihre Komfortzone zu verlassen, ermöglichen echte Freude. **Hinter der Grenze Ihrer Komfortzone erwartet Sie eine großartige Partnerschaft.** Wenn Sie sich also überwinden können, das Gefühl der Unsicherheit oder des Unbehagens auszuhalten, dann können Sie darauf vertrauen, dass Sie in neue Verhaltensweisen hineinwachsen und Ihre Lebensfreude neu erobern können!

Erkenntnis 9 Ihre Partnerschaft ist wirklich zum Lachen

Übung Bewusst Freude hereinholen

Als Beginn

1. Schreiben Sie bitte all jene Verhaltensweisen Ihres Partners/Ihrer Partnerin auf, bei denen Sie sich besonders geliebt fühlen (vergleichen Sie bitte im Übungsteil die Liste „Liebevolle Verhaltensweisen"). Das sind Ihre geheimen Wünsche, von denen Sie meinten, dass Ihr Partner/Ihre Partnerin Sie Ihnen von den Augen ablesen kann. Darunter können auch Dinge sein, die Ihr Partner/Ihre Partnerin ohnehin für Sie tut (auf diese Weise verstärken Sie das Gute und stellen sicher, dass Ihr Partner/Ihre Partnerin es Ihnen weiterhin schenkt!).

2. Hängen Sie die Aufzählung an einer Stelle auf, wo Sie sie täglich sehen können (zum Beispiel in der Nähe des Badezimmerspiegels oder auf der Kühlschranktür).

Unter dem Link www.harvillehendrix.com *finden Sie Videobeispiele und andere Tipps in englischer Sprache.*

Für die nächste Zeit

Einige der Wünsche können für Sie oder Ihren Partner/Ihre Partnerin zu schwierig erscheinen, andere nicht. Wählen Sie jene, die Ihnen machbar erscheinen oder sogar selbst Freude bereiten – und dann verwirklichen Sie sie. Es empfiehlt sich, alle paar Monate eine halbe Stunde lang mit Ihrem Partner/Ihrer Partnerin neue Punkte zu dieser Liste hinzuzufügen. Sie können sich auch in Form eines Dialoges darüber austauschen.

Zur Erinnerung

Ihr Partner, Ihre Partnerin möchte liebend gerne Ihr Held, Ihre Heldin sein. Oft genügt eine neue Erkenntnis („Das also ist es, was du dir wünschst!") und die Veränderung ist ganz leicht.

Erkenntnis 10

Ihre Partnerschaft ist die beste Lebensversicherung

Harville

Ich liebe die alte Serie *Star Trek* (das wissen Sie inzwischen). Doch wie wir Ihnen in diesem Buch sehr nahelegen, Ihren Partner niemals mit Schimpfwörtern zu bombardieren, so legt Helen auch mir fortwährend nahe, andere Menschen nicht mit Zitaten aus dieser Serie zu bombardieren. Ich mache jetzt dennoch eine Ausnahme, denn *Star Trek* inspirierte mich zu einer Vision und prägte mein weiteres Leben entscheidend. Diese Vision soll das zentrale Thema dieses Kapitels sein.

Mr. Spock, auch *Vulkan* genannt, da er vom Volk der Vulkanier abstammt, ist eine meiner Lieblingsfiguren in dieser Serie. Die Schildkröte in mir ist sehr beeindruckt von seiner Rationalität und seiner Fähigkeit, auch unter größten Herausforderungen Ruhe zu bewahren.

Schildkröten wirken manchmal auf sich selbst konzentriert und abwesend (okay, *fast immer*). Aber sie sind auch zu einer großen Tiefe und Fürsorge fähig. Und das sage ich nicht nur deshalb, weil ich mich selbst zu den Schildkröten zähle.

Mehr als sein rationaler Charakter war es jedoch Mr. Spocks Verabschiedungsritual, das mich sehr inspirierte. Er spreizte Ring- und Mittelfinger zu einem „V" und sagte dazu: „Lebe lang und glücklich – und Frieden sei in eurem Land!" Diese Worte fassen beeindruckend zusammen, *wofür* Helen und ich arbeiten und uns aus ganzem Herzen einsetzen. Helen sieht das genauso wie ich (ein Beweis, dass sie in diesem Punkt so *aufnahmebereit* war, meine Vision wirklich kennenzulernen).

Helens und mein allergrößtes Anliegen besteht nämlich darin, anderen Paaren zu helfen, „lange und glücklich zu leben, sodass Frieden in ihrem Land sei." Wir wünschen auch Ihnen, Glück und Erfüllung zu finden. Und wir sehen dies als den *besten* Weg dazu an, dass „Frieden sei in unserem Land" (mehr darüber im Nachwort zu diesem Buch).

Helen und ich vertraten schon seit Beginn unserer Arbeit die Ansicht, dass eine glückliche Partnerschaft oder Ehe vielfältige Vorteile hätte, und zwar nicht nur für die Betroffenen selbst sondern für die ganze Gesellschaft. Aber wir konnten diese These nicht belegen. So begannen wir Statistiken zu sammeln. Wir fanden immer mehr Studien, die bestätigten, was wir schon seit Jahren vermutet hatten.

Anmerkung der Übersetzerin

Die Statistiken und Berichte über die Vorteile der Ehe bzw. verbindlichen Partnerschaft verglichen mit der unverbindlichen Haltung sogenannter Lebensabschnittsbeziehungen, der Lebensform geschiedener Eltern, AlleinerzieherInnen oder Singles stammen ausschließlich aus dem US-amerikanischen Raum. Sie sind daher sicherlich nicht 1:1 auf die europäische Gesellschaft übertragbar – weder in **finanzieller, sozialer** noch in **kultureller** Hinsicht.

Die vielen Vorteile der Institution Ehe

In unserer Einleitung beschrieben wir ein altes Ehemodell, in dem eine Person als übergeordnet angesehen wurde und die andere sich unterwerfen musste. In vielen Kulturen, auch in unserer, galt der Ehemann als Haupt der Familie, die Gedanken und Bedürfnisse seiner Frau kamen erst an zweiter Stelle. Lange Zeit schien das ganz gut zu funktionieren. In den Sechziger- und Siebziger-Jahren des vorigen Jahrhunderts begannen Frauen allerdings zu hinterfragen, ob dieses Ehemodell wirklich brauchbar für sie wäre.

Eine neue Form der Ehe, nämlich die *partnerschaftliche Ehe*, lag in den Geburtswehen.

Die meisten Menschen hatten jedoch jene Fähigkeiten noch nicht entwickeln können, die für die Verwirklichung dieses neuen Modells grundlegend sind. So wurde die Scheidung, früher ein Tabu, mit der Zeit als annehmbare Lösung angesehen.

Es gab Zeiten, da behaupteten Therapeuten, Wissenschafter und zahlreiche Ärzte, dass die Scheidung die beste Lösung für viele Paare war, die sich in Konflikten befanden – und sogar für ihre Kinder. Helen und ich sind beide geschieden. Hätten wir jedoch bereits in unserer ersten Ehe jene hilfreichen Werkzeuge gehabt, über die wir heute verfügen, hätten wir diese Scheidungen vermutlich verhindern können.

Sehr viele Paare haben *bis heute nicht* erfahren dürfen, wie es möglich ist, Heilung für ihre Partnerschaft zu finden, die Hälfte aller Ehen endet weiterhin mit der Scheidung. Diese Ausstiegsmöglichkeit ist aber nicht ohne Konsequenzen. Fast die Hälfte aller amerikanischen Familien muss nach einer Scheidung mit Armut rechnen.[1] Und wenn Eltern sich scheiden lassen, steigt die Wahrscheinlichkeit, dass ihre Kinder sich später ebenfalls scheiden lassen, auf fast *das Doppelte* an.[2] Wir meinen, dass diese Entwicklung für alle Beteiligten zerstörerische Auswirkungen hat.

Es gibt aber auch Fakten, die Anlass zur Hoffnung geben. Unsere Gesellschaft erkennt immer mehr die Vorteile der Ehe. Während der letzten 50 Jahre haben Wissenschafter dokumentiert, dass die Ehe nachweislich zahlreiche Vorteile mit sich bringt. *Verheiratete Menschen sind im*

Durchschnitt gesünder, leben länger, haben höhere Einkommen und ziehen gesündere Kinder groß. Und diese Fakten gelten für die meisten Ehen, ob sie nun glücklich sind oder nicht.

Der spannendste Punkt daran ist folgender: Wenn allein die Tatsache, *verheiratet zu sein*, so große Vorteile bringt, dann stellen Sie sich nur vor, welche Vorteile eine *wirklich glückliche Ehe* bietet. Und eine noch größere Steigerung wird es sein, in der Partnerschaft Ihrer Träume zu leben. Was für ein starker Anreiz, jene Fähigkeiten zu perfektionieren, die Ihrer Ehe echten Aufwind schenken werden!

Hier sind nun die Punkte, in denen die Ehe die wichtigsten Aspekte Ihres Lebens beeinflusst (ich bitte um Trommelwirbel) ...

Sich besser fühlen und länger leben

Beginnen wir mit der körperlichen Gesundheit. *Verheiratete Menschen haben seltener Lungenentzündungen, weniger Operationen, weniger Krebs- und Herzerkrankungen.*[3] Eine unglaubliche Tatsache, dass dieses kurze Wort „Ja" während der Trauung die Kraft hat, Ihre Arztrechnungen gering zu halten und Ihre Gesundheit zu schützen.

Super, nur mehr die regelmäßigen Gesundheits-Checks, seit ich „Ja" gesagt habe!

Und als wären diese Erkenntnisse nicht beeindruckend genug – lesen Sie, was eine glückliche Ehe noch bewirken kann. Wissenschaftliche Studien zeigen, dass unser Gehirn lebenslang am besten lernt, wenn wir in Interaktion mit anderen stehen.[4] Mit anderen Worten, wir Menschen sind dazu geschaffen, in Beziehung mit anderen zu leben. Wenn unsere Lebenspartnerschaft gesund ist, dann wird aufgrund der Erfahrung echter Nähe in unserem Gehirn sehr viel Oxytocin freigesetzt. Sie erinnern sich, dieses Liebeshormon schenkt uns eine ganze Menge an Gesundheitsvorteilen. Nicht nur die konkreten Vorteile Ihrer Partnerschaft stärken Ihnen den Rücken, sondern auch die emotionale und geistige Ganzheit, die Sie miteinander erleben dürfen.

Kinder, die blühen und gedeihen

Jene von Ihnen, die Kinder haben, wissen, dass man sich als Eltern einfach *um alles* sorgt. Ernähren sich die Kinder gesund? Haben sie gute Freundschaften? Haben sie gute Schulerfolge? Wir sorgen uns, weil wir unseren Kindern wünschen, dass sie glückliche und selbstbewusste Erwachsene werden.

Wussten Sie, dass Kinder, deren Eltern verheiratet sind, mit höherer Wahrscheinlichkeit ein Studium absolvieren, mehr emotionale Stabilität aufweisen und beruflich öfter Führungsaufgaben übernehmen?[5] Sie sind weiters weniger anfällig für Drogensucht und begehen weniger Verbrechen.[6]

Am Hochzeitstag „Ja" zu sagen hat unglaublich viele Auswirkungen.

Denken Sie darüber nach, wie sehr Ihre Kinder von einer *glücklichen* Ehe profitieren können. Von einer Ehe, in der Sie und Ihr Partner Vorbilder für einen wirklich respektvollen Umgang miteinander sind und sich die vielen Verantwortlichkeiten teilen, die nötig sind, um ein erfülltes Leben zu führen. Kinder, die so aufwachsen, wissen später, wie es möglich ist, „lange und glücklich zu leben, damit Frieden sei in ihrem Land".

Zwei in einem! *Arbeiten Sie an einer partnerschaftlichen Ehe, dann wachsen auch Ihre Kinder gesund und stark auf.* Das Wichtigste, das Sie für Ihre Kinder tun können, ist, sich darauf zu konzentrieren, wahre Liebe zu verwirklichen. Ihre Kinder werden das „aufsaugen". Und Sie können alle Stapel von Eltern-Ratgebern getrost auf den nächsten Flohmarkt bringen.

Größere finanzielle Sicherheit

Kommen wir nun zum Thema Geld. Jene von Ihnen, die bereits eine Scheidung hinter sich haben, wissen, wie schwierig das in finanzieller Hinsicht sein kann. Einfache Mathematik macht es nachvollziehbar. Zwei Menschen, die früher einen gemeinsamen Haushalt führten, müssen nun zwei Haushalte finanzieren. Der persönliche Lebensstil muss daher deutlich einfacher werden.

Abgesehen davon, dass sie die Kosten für eine Scheidung vermeiden, schaffen verheiratete Paare durchschnittlich mehr Wohlstand.[7] Verheiratete Menschen haben durchschnittlich doppelt so viel Einkommen und ein viermal so hohes Vermögen als geschiedene Menschen oder solche, die nie verheiratet waren.[8]

Wenn es zwei Verdiener gibt, dann beeinflusst das entscheidend, ob eine Familie mit ihrem Einkommen gut auskommt und keine Schulden aufnimmt. Das zusätzliche zweite Einkommen ermöglicht es Familien, auf Urlaub zu fahren, das Auto reparieren zu lassen oder ein neues anzuschaffen, den Kindern einen Studienabschluss ohne Verschuldung zu bezahlen sowie Ersparnisse anzulegen und private Pensionsvorsorge zu tätigen.

Das alles eröffnet höhere Sicherheit und mehr Möglichkeiten für Ihre Familie.

Obwohl glückliche Ehen nicht automatisch ein größeres Einkommen garantieren, sind verheiratete Menschen besser in der Lage, Win-win-Lösungen zu schaffen. Weniger über Geld zu streiten bedeutet, mehr Zeit miteinander genießen zu können. Abgesehen von den offensichtlicheren Möglichkeiten, wie Partner Zeit miteinander genießen, empfiehlt es sich auch, Dialoge zu trainieren und einander Wertschätzung zu schenken (siehe Kapitel 5). Und mit der freundlichen, guten Stimmung können Sie einige Wünsche austauschen, die Ihnen ganz besonders das Gefühl schenken, geliebt zu werden (siehe Kapitel 9).

Zu dieser Entwicklung möchten wir Sie sehr gerne ermutigen!

Vorteile für das Sexualleben

Die nächste Statistik ist eine wirkliche Überraschung! Es stellte sich heraus, dass *verheiratete Menschen öfter Sex miteinander haben und ihr Sexualleben zufriedenstellender ist* als das von Singles, Geschiedenen oder ohne Trauschein zusammenlebenden Menschen.[9]

„Wirklich? Wer hätte das gedacht?!"

Hier wird ein sehr verbreiteter Mythos gestürzt. Viele Menschen glauben nämlich, dass Paare kaum mehr Sex haben, wenn sie länger miteinander verheiratet sind.

Es stimmt natürlich, dass es Zeiten gibt, wo es einem Paar nicht gelingt, geistige oder körperliche Nähe zu genießen. Während solcher Durststrecken kann das Gras definitiv überall grüner aussehen als *innerhalb* der Ehe.

Sollten Sie also das Gefühl haben, dass es allen anderen besser geht als Ihnen, dann fassen Sie Mut. Investieren Sie Ihre Energie in den Aufbau einer gesunden Partnerschaft. Das wird sowohl Ihnen als auch Ihrem Partner helfen, *alle* Ihre Träume, auch jene, die das Schlafzimmer betreffen, zu verwirklichen. Wenn wahre Liebe zwischen zwei Menschen wächst, wächst auch Ihre Nähe. Psychologen behaupten, dass unser Gehirn als wichtigstes Sexualorgan anzusehen ist. Konzentrieren Sie sich daher auf Veränderungen in Ihrem Denken und Fühlen. Dadurch wird das Liebeshormon Oxytocin freigesetzt, das ohne jeden Zweifel erotische Gedanken, Gefühle und Handlungen verstärkt.

Es ist beeindruckend zu erkennen, dass die bisher genannten Vorteile auch für die allermeisten durchschnittlichen Ehen gelten. Helen und ich erklären uns das dadurch, dass es schwierig ist, die Vorteile glücklicher Ehen in verschiedene Qualitätsniveaus zu stufen. Es ist jedoch allgemein bekannt, dass problematische Ehen das Immunsystem schwächen und das Auftreten von Depressionen begünstigen. Eine vor kurzem erschienene Studie besagt, dass eine sehr belastende Ehe das menschliche Herz ähnlich schädigt wie regelmäßiges Rauchen.[10]

Daraus schließen wir, dass es logischerweise die stärkeren Ehen sein müssen, die diese beeindruckenden Vorteile bewirken. *Durch einen bewussten Einsatz für starke und gesunde Ehen könnte man daher alle diesbezüglichen Statistiken sprengen.*

Also los, die Goldmedaille wartet auf Sie!

Es war nie einfacher, die Ehe Ihrer Träume zu erreichen, als mit Hilfe dieses Buches! Es erfordert natürlich täglichen Einsatz und wird nicht immer leicht sein. Aber lohnt sich ein wenig Aufwand und der Verzicht darauf, „recht zu behalten", nicht allemal für die Belohnung, die uns winkt?

Ihre Partnerschaft ist es sicher wert!

Ich möchte Ihnen noch eine andere Geschichte erzählen. Diesmal nicht über Helen und mich sondern über ein Paar aus einem unserer Workshops. Sie schienen hoffnungslos in ihren Machtkampf verstrickt zu sein und hatten bereits um Scheidung angesucht.

Sie war kurz davor zu *explodieren*. Er saß wie versteinert angesichts ihres Zorns.

„Aha", dachten wir. „Ein Hagelsturm hat seine Schildkröte gefunden. Sie passen perfekt zusammen!"

Aber würden sie einen Durchbruch erreichen können? Ihre anfänglichen Dialog-Übungen zeigten wenig Erfolg. Sie hatte geballte Fäuste und schrie ihren Mann die meiste Zeit an. Schweigend und vor Zorn bebend zog er sich immer tiefer in seinen Panzer zurück. Während des ersten Tages unseres Workshops glaubten wir nicht daran, dass dieses Paar das ganze Wochenende bleiben würde.

Aber am zweiten Tag machten sie in ihren Dialogen wirklich gute Fortschritte. Bald fühlten sie sich sicher genug, um ihre Schutzmuster abzulegen. Ehrfürchtig beobachteten wir, wie ihr Ärger schmolz und die Liebe und Leidenschaft wieder hervorkam, die sie noch immer füreinander empfanden.

Am Ende unseres Workshops beschrieben die Paare reihum die neuen Erfahrungen, die sie gewinnen konnten. Jenes Paar stand auf. Der Mann hielt die Scheidungspapiere in die Höhe und zerriss sie feierlich. Mit feuchten Augen und belegter Stimme erklärte er: **„Ich kam mit meiner größten Feindin hierher und jetzt gehe ich mit meiner besten Freundin nach Hause!"**

Das ist nur ein Beispiel für viele Verwandlungen, die wir schon miterleben durften. Viele Paare sind bereit, das zu verwirklichen, was sie bei unseren Workshops hören.

Und jedes Mal ist es uns eine große Ehre, das miterleben zu dürfen.

Verabschieden auch Sie sich, mit Hilfe dieses Buches, von dem Gedanken, dass Ihr Partner sich verändern möge. **Werden Sie selbst zu der Veränderung, die Sie sich wünschen. Werden Sie ein Vorbild für Ihren Partner und *schenken Sie ihm* jene Art von Liebe, nach der *Sie sich sehnen!***

Beginnen Sie selbst damit, und Ihr Partner wird sich nach einer gewissen Zeit anschließen.

Sicherheit ist ansteckend. Lachen ist ansteckend. Leichtigkeit ist ansteckend.

Liebe ist ansteckend!

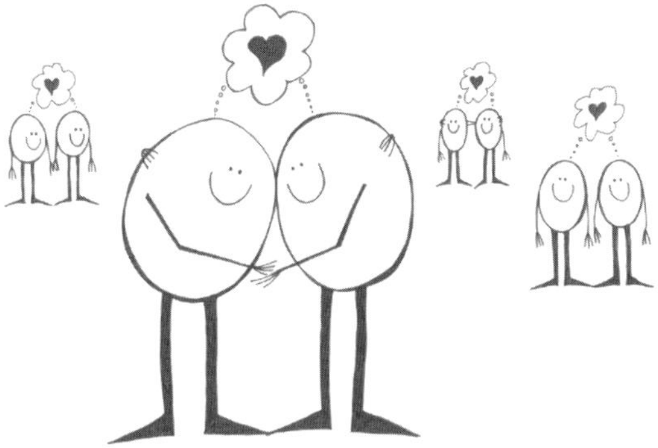

Liebe ist ansteckend!

Je mehr Sie üben, desto stärker wird Ihre Partnerschaft sein. Und eines Tages werden Sie eine umfassende und tiefe Verbundenheit erreichen, die nie mehr verlorengehen kann.

Feiern Sie Ihre neue Verbundenheit

Helen und ich haben das „gelobte Land" unserer neuen Verbundenheit wirklich erreicht. Es war ein so überbordendes Glücksgefühl, dass wir es am liebsten von den höchsten Gebäuden New Yorks aus allen verkündet hätten (stellen Sie sich einmal vor, sogar ich, die Schildkröte, hatte diesen Impuls!).

Stattdessen haben wir eine würdige Zeremonie organisiert, in der wir unsere neue Verbundenheit offiziell besiegelten, und danach eine rauschende Party veranstaltet, obwohl das normalerweise gar nicht unsere Art ist. Ich bin sonst eher ein Fan von unkomplizierten Einladungen, bei denen die Gäste im Garten von Pappkarton-Tellern essen. Aber die partnerschaftliche Ehe lässt uns bisher unbekanntes Territorium betreten.

Dadurch, dass Sie dieses Buch gewählt haben, betreten auch Sie mutig neues Territorium, das noch relativ wenige Paare vor Ihnen betreten haben. Deshalb sind wir der Ansicht, dass Ihre Bereitschaft, anstrengende Wachstumsschritte auf sich zu nehmen, eine Feier verdient hat. Sie können feiern, dass Sie aus einer neuen Bewusstheit heraus Ihrem Partner Ihre wahre Liebe versprechen. Und Sie wissen nun, **dass Sie zusammen alles haben, was Sie brauchen, um „lange, glücklich und in Frieden zu leben".**

Aber machen Sie sich keine Sorgen, Sie müssen nicht alle Ihre Bekannten zu einer offiziellen Zeremonie einladen oder zu einem Wallfahrtsort pilgern – Sie können ebenso gut daheimbleiben. Aber es ist wirklich etwas Schönes, Ihr Versprechen zu erneuern, wenn Sie an diesem Punkt angekommen sind – und zwar auf jene Art, die für Sie beide am authentischsten scheint.

Übung Unser Versprechen erneuern

Als Beginn

1. Schreiben Sie auf, welches Versprechen Sie Ihrem Partner/Ihrer Partnerin heute geben können (siehe „Unser Versprechen erneuern" im Übungsteil). Um es gut formulieren zu können, ist es hilfreich, über Ihren gemeinsamen Weg zur wahren Liebe nachzudenken. Was können Sie – befreit vom Sog der romantischen Liebe und vom Machtkampf – Ihrem Partner/Ihrer Partnerin nun versprechen?

2. Wenn Sie beide fertig geschrieben haben, lesen Sie Ihrem Partner/Ihrer Partnerin Ihr neues Versprechen vor. Sie können das im Jogginganzug auf der Couch tun – oder Sie warten ein wenig und tun es im Rahmen einer Feier zur Erneuerung Ihres Ehebundes im Beisein von Familie und Freunden (oder Sie machen beides).

3. Planen Sie, wie Sie die Erneuerung Ihres (Ehe-)Versprechens und Ihre Bereitschaft, wahre Liebe zu leben, feiern könnten. Es gibt unglaublich viele Möglichkeiten:

- Sie können Ihren (Ehe-)Bund feierlich erneuern.
- Sie können die feierliche Atmosphäre „in den Wind schießen" und eine zwanglose Party begehen.
- Sie können ein romantisches Wochenende oder eine ganze Woche miteinander verbringen – eine zweite Hochzeitsreise sozusagen. Und

inmitten einer blühenden Apfelplantage oder an einem romantischen Sandstrand oder ... könnten Sie Ihr Eheversprechen erneuern.

- Sie können auch etwas ganz Ungewöhnliches tun, vielleicht sogar etwas, das bisher nicht zu Ihnen zu passen schien – Fallschirmspringen beispielsweise oder eine Ballonfahrt. Oder Sie wählen etwas, das Sie beide schon seit längerem vorhatten, aber bisher noch nicht verwirklichen konnten. Harley-Davidson-Motorräder mieten und an einem Rennen teilnehmen, an einen exotischen Ort reisen, im Grand Canyon wandern oder eine Woche campen sind nur einige Beispiele hierfür.

Für die nächste Zeit

Beweisen Sie Ihrem Partner/Ihrer Partnerin, dass er/sie auf Ihr Versprechen bauen kann und nützen Sie es als Inspiration für Ihren Weg zur Partnerschaft Ihrer Träume!

Zur Erinnerung

Werden Sie selbst zu jener Veränderung, die Sie sich wünschen.

Nachwort

Eine Revolution in der Partnerschaft

Helen und Harville

Wir haben dieses Buch geschrieben, weil wir Sie an all den wertvollen Erkenntnissen aus unserer bisherigen Arbeit teilhaben lassen wollen. Unser Anliegen ist es, Ihnen relativ einfache und dennoch äußerst effektive Wege zu zeigen, Ihre Partnerschaft auf großartige Weise zu verändern. Wir haben zehn wesentliche Erkenntnisse beschrieben, die Ihnen ein neues Verständnis darüber vermitteln wollen, was für das Funktionieren einer Partnerschaft ausschlaggebend ist (und was nicht). Jede einzelne dieser Erkenntnisse möchte nicht nur neue Gedanken eröffnen, sondern auch konkrete Impulse geben, was nötig ist, um eine erfolgreiche Partnerschaft zu führen. Und nun, wo die gemeinsame Zeit mit Ihnen langsam zu Ende geht, wollen wir Ihnen darüber hinaus einen wesentlichen neuen Horizont eröffnen.

Sie haben dieses Buch gekauft, damit es Ihrer Partnerschaft neues Leben einhauchen solle.

Das kann es tatsächlich.

Aber das ist bei weitem nicht alles.

Ihre Partnerschaft, Ihr Paar-Zwischenraum und darüber hinaus ...

Im vorigen Kapitel zitierten wir einige Statistiken darüber, welche Auswirkungen die Ehe auf jene zwei Menschen hat, die beim Traualtar „Ja" sagen. Manche von Ihnen, liebe Leser, sind inzwischen routinierte Zuhörer und wissen, wie wertvoll es ist, „Gibt es noch mehr dazu?" zu fragen. Für Sie gibt es hier einige spannende Fakten darüber, wie die Institution Ehe sich auf unsere Gesellschaft im Allgemeinen auswirkt.

Stellen Sie sich bitte folgende Schlagzeilen vor:

Wirtschaftsforscher sagen Ende der globalen Armut in fünf Jahren voraus!

Firmenchefs beteiligen ihre Angestellten an hohen Gewinnen

Deutlicher Rückgang der Krebserkrankungen

Sinkende Kriminalitätsraten führen zur Schließung einiger Gefängnisse

Was könnte derart dramatische Veränderungen bewirken? Alle diese positiven Entwicklungen könnten dadurch in Gang gesetzt werden, dass wir anderen Menschen mit Wertschätzung begegnen anstatt mit Vorurteilen. Beflügelt durch dieses gute Gefühl könnten wir uns anschließend freiwillig dafür entscheiden, alle negativen Verhaltensweisen aufzugeben und stattdessen unsere Einfühlsamkeit zu stärken. Wenn wir die Einzigartigkeit jedes Mitmenschen schätzen, begegnen wir einander mit weitaus mehr Respekt. Mit anderen Worten, **wenn Paare in ihrer Partnerschaft wichtige neue Beziehungsfähigkeiten trainieren, so werden sie jene auch außerhalb der Partnerschaft einsetzen. Das verändert nämlich ihre Gefühle und ihre Beziehungen im Allgemeinen.**

Liebe kann den Fluss an der Quelle reinigen

Wir haben die Essenz jener Arbeit destilliert, die Sie als Paar vollbringen müssen, und unser Bestes versucht, sie so einfach wie nur möglich zu halten. Dennoch ist das Wort „einfach" nicht mit dem Wort „leicht" zu verwechseln. Wir wissen, dass dieser Weg herausfordernd ist. Deshalb wollen wir auch zahlreiche Gründe anführen, die zeigen, dass es sich lohnt.

Eine Scheidung ist eine teure Angelegenheit für die ganze, nunmehr zerrissene Familie, wie schon im vorangegangenen Kapitel erwähnt. Aber das ist nur der Anfang. Jede durchschnittliche Scheidung kostet die Regierung der USA bzw. ihre Bundesstaaten ungefähr 26.000 Dollar.[1]

Scheidungen und uneheliche Kinder belasten den amerikanischen Steuerzahler daher jedes Jahr mit geschätzten 112 Milliarden Dollar, das heißt mit mindestens einer Billion Dollar im Zeitraum von 10 Jahren.[2] Und es sind unsere Steuern, die jene Institutionen unterstützen, die die Hauptlast dieser Kosten tragen.

Glaubt man einem Sonderbericht, so „könnte auch ein geringfügiger statistischer Zuwachs an stabilen Ehen in den USA zu enormen Einsparungen für die Steuerzahler führen. Eine Reduktion der Scheidungsraten um 1 Prozent könnte für die Steuerzahler eine jährliche Steuersenkung um 1,12 Milliarden Dollar bedeuten".[3] 1 Prozent weniger Scheidungen – und unsere Regierung hätte jedes Jahr eine Milliarde Dollar für andere Ausgaben zur Verfügung.

Das Budgetdefizit ließe sich senken, ohne andere Projekte zu beschneiden – allein durch eine Steigerung der Qualität unserer Beziehungen.

In früheren Zeiten hatten viele Ehen und verbindliche Partnerschaften bei weitem kein so positives Potenzial wie heutzutage. Gloria Steinem, eine Ikone des Feminismus in den USA um 1970, sprach vielen Frauen aus der Seele mit ihrer Aussage, dass Ehe für Frauen bedrohlich sein könne. Das damals gelebte Modell heterosexueller Ehen war tatsächlich von Macht und Unterwerfung geprägt. Zahlreiche Frauen, die ihre innere Kraft verwirklichen wollten, mussten deshalb ihr Zuhause verlassen – manche auch ihre Ehe.

Das partnerschaftliche Ehemodell brachte beeindruckende Veränderungen. Der Entwicklungsprozess zweier Menschen, die lernen, miteinander in einer bewussten Partnerschaft zu leben, fördert und ermutigt gleichzeitig die Frauen, ihre Stimme zu erheben und ihre tiefe Weisheit in unsere Gesellschaft einzubringen. Auf der Basis eines respektvollen Beziehungsparadigmas ist Entwicklung und Wachstum sowohl für Frauen als auch für Männer möglich.

Auf der Suche nach Möglichkeiten, unsere Gesellschaft zu stärken, begegnen wir einer wachsenden neuen Bewusstheit, die uns allen große Weisheit vermittelt. Die Vision einer partnerschaftlichen Ehe verspricht zahlreiche Vorteile für unsere ganze Gesellschaft. So möchten wir

Ihnen nun fünf ultimative Erkenntnisse ans Herz legen, die entscheidend zur Umsetzung dieser Vision beitragen (Sie dachten, in diesem Buch beschreiben wir zehn Erkenntnisse für eine glückliche Partnerschaft – nun bekommen Sie fünf weitere geschenkt!):

1. Glückliche Ehen sind die beste Prävention, um den Fluss gleich an der Quelle rein zu halten

Die Schlagzeilen, die wir jeden Tag lesen, unterscheiden sich leider deutlich von den vorhin Genannten. Unsere Gesellschaft muss sich mit vielen problematischen Themen auseinandersetzen – mit Teenager-Schwangerschaften, Alkoholismus, hohen Zahlen von Schulabbrechern und mit Armut – um nur einige zu nennen.

Wenn wir versuchen, mit diesen Problemen zu Rande zu kommen, kann man dies als „Reinigen des Flusses im Flusslauf" bezeichnen.

Selbstverständlich haben wir den Impuls, einen Fluss zu reinigen, wenn er verschmutzt ist. Früher oder später wird er aber neuerlich verschmutzt sein – und das bedeutet, wir müssen den Fluss neuerlich reinigen. So sind wir damit beschäftigt, d*enselben Fluss wieder und wieder zu reinigen*.

Unsere Regierungen und viele private Organisationen investieren Milliarden von Dollar, um solche „Flüsse zu reinigen". Wäre es da nicht besser herauszufinden, woher die „Schmutzpartikel" stammen?

Probleme im Unterlauf eines Flusses sind symptomatisch für eine ungesunde Gesellschaft.

Wenn Sie also zurück zur Quelle kommen möchten, müssen Sie die Gesellschaft heilen.

Der Kern jeder Gesellschaft ist die Familie.

Und der Kern der Familie ist das Paar.

Kurz gesagt: **Gesunde Familien führen zu einer gesunden Gesellschaft. Gesunde Familien kann man fördern, indem man glückliche Paare fördert.**

Wenn eine Gesellschaft Kinder erziehen möchte, die persönliche Verantwortung übernehmen, müssen die Kinder das innerhalb der Familie erlernen. Wenn es mehr Mitgefühl und Einsatz füreinander geben soll, muss dies zu Hause erfahrbar sein. Ein gesundes Zuhause beruht auf den heilsamen Erfahrungen eines Paares – denn unsere Gesellschaft stammt aus der „Keimzelle" Partnerschaft.

Es ist nicht allzu kompliziert – es genügt, die Gedanken und Übungen dieses Buches ernst zu nehmen.

2. In glücklichen Partnerschaften wachsen starke Persönlichkeiten heran

Lange Zeit herrschte die Ansicht, dass man nur dann zu einer starken Persönlichkeit reifen könne, wenn man sich selbst verwirkliche. Der Philosoph Sokrates glaubte daran, dass wir „Weisheit nur erwerben können, indem wir uns selbst kennenlernen". Krishna, der in der Tradition der Hinduisten als höchstes Wesen und als Gottheit angesehen wird, prägte den Satz „Du kennst dein Selbst – durch dein Selbst". „Ich denke, also bin ich", erklärte ein anderer Philosoph, nämlich René Descartes. Dies sind nur drei Beispiele von vielen, die diesen Ansatz befürworten.

Wir teilen diese Ansicht nicht. Wir meinen, dass wir viel eher **in Beziehung erkennen, wer wir sind, als in Isolation. Wir werden in Beziehung geboren. Wir werden in Beziehung verwundet. Und wir werden in Beziehung geheilt. Wir können uns selbst nicht kennenlernen oder zu dem werden, der wir tief in unserem Inneren sind –** ***außer*** **in Beziehung. Unsere Beziehungen sind es, die unser Selbst ausmachen. Ganz besonders die Partnerschaft mit dem geliebten Menschen: Sie ist der wesentlichste Ort der Selbstfindung und Verwandlung unseres Selbst.** In diesem Kontext ist es am besten möglich, neue Neuronenverbindungen in unserem Gehirn zu entwickeln, sodass unsere Gedanken und unsere Gefühle sich verändern.

Mit dieser Überzeugung stehen wir nicht allein da. Weltweit zeichnet sich ein Umdenken ab, das den Fokus weniger auf das Individuum als auf dessen Beziehungen richtet. Man kann es auch einen Paradigmenwechsel nennen: Nicht mehr das Selbst steht im Mittelpunkt sondern die Beziehung. So wie die Grenzen zwischen einzelnen Nationen durchlässig werden, erkennen wir verstärkt, dass wir einander *nicht ausweichen* können, sondern, ganz im Gegenteil, **wir brauchen einander**. Mehr und mehr realisieren die Menschen, dass wir Beziehungswesen sind. Deshalb lautet unsere Schlüsselfrage: Wie können wir gesunde Beziehungen pflegen?

Wenn wir versprechen, unser Leben mit einem anderen Menschen zu teilen, ist das eine Ehre und eine Verantwortung. Wir haben diese beiden Worte keineswegs leichtfertig gewählt. Wer sich dafür entscheidet, sein Leben einem Partner zu widmen, übernimmt die Rolle eines Freundes, liebenden Partners, Fürsprechers und Heilers. Seine Aufgabe ist es, Wachstumsschritte zu machen, um für das Wohlergehen des Partners sorgen zu können. **Seine Aufgabe ist es weiters, eine gesunde Partnerschaft zu pflegen und dadurch selbst als Persönlichkeit zu reifen.**

3. Partnerschaft als spiritueller Weg

Wir kennen ein originelles Zitat: „Wenn Sie Ihren Grad an Erleuchtung messen wollen, verbringen Sie eine Woche mit Ihrer Herkunftsfamilie!" Stimmt, werden manche von Ihnen sagen.

Bitte sag mir noch einmal, ob es wirklich eine gute Idee war, meine Großfamilie wieder einmal zu besuchen ...

Viele Menschen ziehen sich zurück, um ihr spirituelles Leben zu vertiefen – und suchen vorübergehend räumliche Distanz zu ihrem Partner. Dies ist eine großartige Sache und es spricht unserer Meinung nach gar nichts dagegen. Aber es gibt eine andere Möglichkeit, sein spirituelles Selbst zu entwickeln. Sie ist naheliegender – denn Sie bleiben dabei in der Nähe, *nämlich zu Hause*. Ihr spirituelles Wachstum wird gefördert, wenn Sie Ihre Fähigkeit entwickeln, einen anderen Menschen authentisch zu lieben. Blicken wir folgender Tatsache ins Auge: Inneren Frieden zu finden ist leicht, wenn man von jeder Alltagslast befreit ist. Deshalb fahren wir ja auch gerne auf Urlaub.

Unsere innere Mitte und inneren Frieden zu finden ist weitaus schwieriger, wenn wir einem anderen Menschen ins Gesicht blicken – besonders, wenn unser Gegenüber keine friedvollen Gefühle *für uns* hegt. Und sollte die geliebte Person uns provozieren, können Sie das mit dem Frieden ganz vergessen. Der Frieden entflieht in Windeseile.

Aus diesem Grund betonen wir, **dass einer der besten spirituellen Wege darin besteht, in Ihrer Partnerschaft zu verbleiben und zu lernen, wie Sie Ihren Partner *wahrhaft lieben* können – mit all seinen Sonnen- und Schattenseiten.** Und weiter darin, die Sichtweise Ihres Partners gelten zu lassen und sich in ihn einzufühlen, selbst wenn sie manchmal absolut nicht nachvollziehbar scheint.

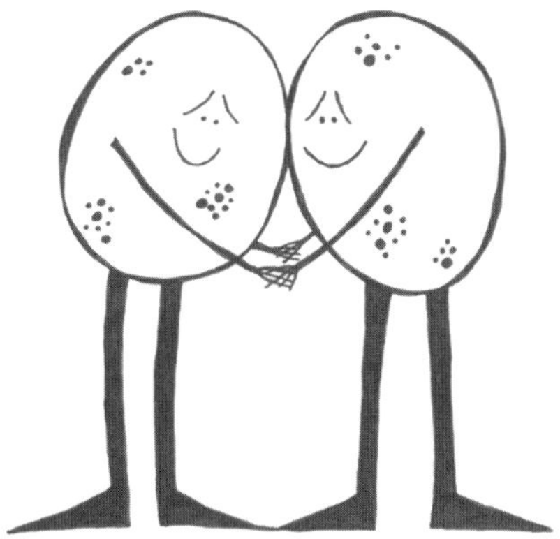

Ich liebe dich mit all deinen Sonnen- und Schattenseiten!

Heben Sie Ihre Partnerschaft auf diese Ebene und verwandeln Sie Ihren Weg mit Hilfe von Imago-Dialogen in einen wahrhaft spirituellen Übungsweg. So wie Meditation und Gebet bewirkt auch der Dialog eine starke Verlangsamung, beruhigt Ihre Seele und lädt Sie ein, jene alten Gedanken beiseitezuschieben, die Sie fast zwanghaft immer wieder beschäftigen. Stattdessen können Sie einfach die Worte Ihres Partners spiegeln und versuchen, wirklich nachzuvollziehen, wie er sich fühlt – wodurch Sie zum Zeugen seiner Erfahrungen werden. Wenn Sie mit liebevollen Verhaltensweisen auf Ihren Partner zugehen und Ihre innere Eule zu Wort kommen lassen anstatt Ihres inneren Krokodils, werden Sie eine Menge an Liebeshormonen freisetzen. Das wird sowohl für Sie als auch für Ihren Partner ein wunderbares Gefühl sein.

Das Göttliche wartet darauf, in Ihrem Paar-Zwischenraum aufzuleuchten.

Der heilige Raum, der hier entsteht, wird für Sie beide etwas ganz Besonderes sein.

Der Weg zu einer bewussten Partnerschaft oder Ehe ist zwar nicht leicht, aber es ist der Weg, den Himmel auf Erden zu finden. Sie können sich an die höhere Macht wenden, an die Sie glauben, und sie um Rat und Unterstützung bitten. Einander wahrhaft lieben zu lernen wird Ihnen beiden unglaublich schöne Gefühle schenken – und diese wunderbaren Gefühle werden übergreifen auf alle anderen Bereiche Ihres Lebens.

4. Partnerschaft ist keine Krankheit – sie ist ein Heilmittel

Viele Ehen und Partnerschaften sind so belastend, dass Paare Hilfe suchen. Oft erhalten dann beide Partner oder einer von ihnen eine Krankheitsdiagnose und unter Umständen sogar Medikamente. Oder, was noch schlimmer ist, man empfiehlt ihnen eine Trennung auf Zeit, in der Hoffnung, dass die beiden Personen dadurch neue Kraft finden.

Als weitere Ausstiegsmöglichkeit bleibt die Trennung oder Scheidung. Manche Menschen heiraten erneut und ersetzen eine Partnerschaft durch eine andere – so wie man ein Kleidungsstück, das nicht zu 100 Prozent passt, gegen ein anderes umtauschen kann.

Auch hierüber denken wir völlig anders. Um ehrlich zu sein, **welche Partnerschaft stellt nicht in gewisser Hinsicht oder zu bestimmten Zeiten eine große Herausforderung dar? Das bedeutet jedoch nicht, dass Partnerschaft – oder die Institution Ehe – ein mangelhaftes Produkt ist.**

Gesunde Ehen und verbindliche Partnerschaften sind die beste Prävention – das heißt, der beste Weg, die Quellgebiete der „Flüsse" unserer heutigen Welt reinzuhalten, sodass aufwändige Aufräum- und Reinigungsarbeiten sich grundsätzlich erübrigen. Legen wir daher unseren Fokus viel stärker auf das Heilungspotenzial, das die Ehe und verbindliche Partnerschaft für unsere Gesellschaft haben! Sorgen wir zuerst für das Wohlergehen der Partnerschaften. Dieser Schatz, nämlich die Kunst, eine glückliche Partnerschaft zu führen, muss für unser Land und für die ganze Welt aufbewahrt werden wie ein teures Kulturgut.

Dieser Schatz hat Priorität.

Sichern wir ihn für die Nachwelt!

Steigern wir seinen Wert!

5. Weiterentwicklung im Bereich der Partnerschaft muss gefördert werden und für alle zugänglich sein

Wer als Arzt oder Rechtsanwalt arbeiten möchte, muss jahrelang studieren, Prüfungen ablegen und einen Berufs-Eid leisten. Wer als Elektriker oder Installateur arbeiten möchte, muss ebenfalls Ausbildungen und Prüfungen absolvieren, bevor er eine Konzession lösen darf. Auch um Immobilien- oder Börsenmakler zu sein, muss man eine Berufsberechtigung erwerben. Will man ein Boot steuern oder einen Lkw lenken, muss man es erlernen, üben und Prüfungen ablegen.

Selbst wenn Sie einen Pkw lenken möchten, müssen Sie zuerst die staatliche Lenkerberechtigung erwerben.

Wenn Sie eine gute Ehe führen möchten, brauchen Sie jedoch nur eine kleine Gebühr am Standesamt zu begleichen.

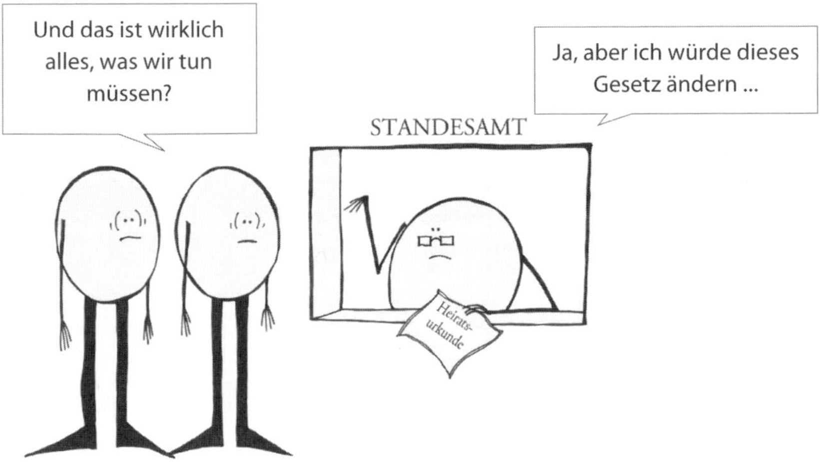

Das kann einfach nicht ausreichend sein.

Es braucht viel Wissen und hohen Einsatz, um eine bewusste Partnerschaft zu gestalten. Beide Partner müssen verschiedene Fähigkeiten erlernen und trainieren, um in die neue Rolle hineinzuwachsen, dem Partner Heilung schenken zu können.

Unsere ganze Kultur sollte hier unterstützend wirken. Schulen, religiöse Institutionen, Nachbarschaftszentren, Volkshochschulen, Vorsorgeprogramme für seelische und körperliche Gesundheit – sogar Hochzeits- und Event-Planer wären aufgerufen, hier zu kooperieren. All jene Menschen, die in beruflicher Hinsicht mit Paaren zu tun haben, sollten erkennen und wissen, wie ungemein wichtig es ist, die neuesten Erkenntnisse über Wege zu glücklicher und erfüllter Partnerschaft möglichst vielen Paaren zukommen zu lassen.

Man könnte sogar noch früher ansetzen. Es gibt bereits Schulprojekte, die acht- bis zehnjährigen Kindern einen fürsorglichen Umgang mit Babys vermitteln sollen. **Könnten künftige Generationen in derart jungen Jahren lernen, gut für eine Partnerschaft zu sorgen und dies als Priorität anzusehen, wäre sehr viel gewonnen!**

In *besonderer* Weise brauchen wir Unterstützung auf Regierungsebene. Was spräche gegen ein Ministerium für gesunde Partnerschaft?

Das *Einzige*, das SIE in direkter Weise tun können, ist voller Einsatz dafür, dass Ihre Partnerschaft stark und gesund wird – denn das beeinflusst Sie selbst, Ihren Partner, Ihre Familie *und* Ihre Umgebung. Könnten wir mit großem Einsatz die Gesundheit von Partnerschaften gewährleisten, kämen wir beim Senken der Staatsdefizite und beim Gestalten einer Gesellschaft, deren Basis die wahre Liebe ist, ein großes Stück vorwärts.

Den Wendepunkt beschleunigen

Wir glauben so fest an diese Vision, dass wir gemeinsam mit anderen führenden Experten im Bereich Partnerschaft an deren Umsetzung zu arbeiten begonnen haben. Wir verfolgen zwei vorrangige Ziele:

- Wir wollen eine globale Bewegung in Gang setzen, um das öffentliche Bewusstsein darüber aufzuklären, wie stark die Verbindung zwischen gesunder Partnerschaft und gesunder Gesellschaft ist.
- Wir wollen die Unterstützung von gesunder Partnerschaft als vorrangigen sozialen Wert etablieren.

Auch Sie können Ihren Beitrag dazu leisten!

Überall auf der Welt gibt es Paare, die diese Vision mit uns teilen. Die Theorie und die praktischen Methoden von Imago sind inzwischen, ohne Budget und ohne konkrete Planung, in mehr als dreißig Ländern bekannt geworden. Es gibt viele BeraterInnen, TherapeutInnen und kirchliche Angestellte, die die wesentlichen Bestandteile unserer Theorie in ihrer Arbeit mit Paaren anwenden. Dazu kommen noch das reiche Wissen und der große Einflussbereich all jener Menschen, die wir miteinander vernetzt haben, um eine diesbezügliche globale Entwicklung in Gang zu setzen. Aus alldem lässt sich klar ablesen, dass die Zeit gekommen ist, um gesunde Partnerschaft als große Priorität anzusehen.

Man kann es auch „eine Revolution in der Partnerschaft" nennen.

Sie entspricht einfach dem Zeitgeist.

Was im Moment noch ungewohnt und neu erscheint, wird schon bald allgemein verbreitetes Wissen sein.

Und die entscheidendste Komponente ist jedes individuelle Paar, das mutig den Weg wählt, die Partnerschaft seiner Träume zu verwirklichen.

Auch Sie können Ihren Beitrag zu dieser Revolution in der Partnerschaft leisten. Sie haben dieses Buch gekauft und gelesen – das ist ein inoffizieller Beitrag. Wir wollen aber auch die formelle Einladung aussprechen, uns zu unterstützen! Leihen Sie uns auch *Ihre Stimme*, um diese Botschaft auf der ganzen Welt bekannt zu machen.

Wie könnte das aussehen?

Zuallererst tun Sie am besten einfach weiterhin das, was Sie bereits tun – die Wichtigkeit Ihrer Partnerschaft anzuerkennen und dafür ganzen Einsatz zu leisten.

Sie können dieses und ähnliche Bücher über Partnerschaft von anderen Autoren – oder zumindest deren Gedanken – Ihren Familienangehörigen, Freunden und sogar Arbeitskollegen empfehlen.

Sollte diese Vorstellung unbehagliche Gefühle in Ihnen auslösen, denken Sie bitte zurück an die dunklen Zeiten, wo Sie selbst große Probleme in Ihrer Partnerschaft durchmachten. Sehr viele Paare in unseren Workshops erzählen, wie alleingelassen sie sich oft fühlten. Alle anderen Menschen schienen damals – von außen betrachtet – in perfekten Partnerschaften zu leben. Durch diese Vermutung verstärkte sich das Elend dieser Paare aufgrund von zusätzlicher Scham erheblich.

Diese Isolation gilt es zu durchbrechen, wenn wir zur Revolution der Partnerschaft beitragen wollen. Wir müssen offene und ehrliche Gespräche führen und realistisch erzählen, wie belastend eine Partnerschaft sein kann – aber ebenso, was für große Durchbrüche und Veränderungen möglich sind. Hierzu müssen Sie keine langen Reden schwingen – und auch keine belastenden Details an andere weitergeben. Die einfachen Worte „Meiner Frau und mir ging es vor Jahren unglaublich schlecht, aber wir haben etwas Großartiges gefunden, das uns wirklich weiterhilft!" oder „Mein Mann und ich hatten jede Nähe zueinander verloren – aber wir haben es geschafft, wieder zueinander zu finden, und ich will euch erzählen wie ..." oder Ähnliches können Wunder wirken. Denn damit pflanzen Sie ein Körnchen Hoffnung. Und wenn jemand aus Ihrem Freundeskreis ebenfalls in eine Partnerschaftskrise gerät, dann wird er oder sie sich daran erinnern.

Sie könnten das Thema Partnerschaft vielleicht auch bei Ihrer nächsten Familienfeier oder Party mit Freunden anschneiden – so wie den leckeren Braten ... Und zögern Sie nicht, mit einem Paar darüber zu reden, das Sie in einer Krise vermuten. Lehren Sie Ihre Kinder, Dialoge zu führen. Schenken Sie Ihren Kindern dieses Buch, sobald sie den ersten Freund oder die erste Freundin nach Hause bringen – und schenken Sie es jedem Hochzeitspaar, das Sie einlädt.

Glückliche Partnerschaften schaffen glückliche Familien – und glückliche Familien schaffen eine glückliche Gesellschaft.

Was für ein schöner Gedanke. Was für ein wahrer Gedanke.

Und was wohl am meisten zählt: Was für ein *konkret umsetzbarer* Gedanke!

Wir widmen unser Leben dafür, partnerschaftliche Ehen zu fördern, eine nach der anderen. Deshalb schrieben wir das vorliegende Buch. Nun ist die Reihe an Ihnen, die Weichen für die Zukunft Ihrer Partnerschaft zu stellen. Ihr Engagement hierfür verbindet Sie mit unserem Engagement und mit dem Leben von tausenden anderen Paaren überall auf der Welt. Und jeden Tag werden es mehr.

Wir danken Ihnen, dass Sie genug Mut und genug Hartnäckigkeit hatten, es mit uns auszuhalten (und vielleicht auch *mit Ihrem Partner, Ihrer Partnerin*, das zählt noch mehr!). Denken Sie auf Ihrem weiteren Weg bitte immer daran: **Sie haben die Macht, die Partnerschaft Ihrer Träume zu verwirklichen!** Und nebenbei tragen Sie auch zu einer neuen Welt bei, in der wir lange, glücklich und in Frieden leben können.

Wir wünschen es Ihnen von Herzen!

Harville und Helen

Übungsteil

Harville und Helen

Hier finden Sie jene „Werkzeuge", die Sie brauchen, um die Partnerschaft Ihrer Träume zu verwirklichen. Die folgenden Seiten präsentieren die zehn Übungen dieses Buches in übersichtlicher Form und mit einigen Erweiterungen zur schriftlichen Bearbeitung. Sie und Ihr Partner/Ihre Partnerin könnten auch ein Notiz- oder Tagebuch anlegen, in dem Sie jeweils Ihre persönlichen Gedanken und Fortschritte vermerken – oder sich zwei Ausgaben dieses Buches zulegen.

Mit den Übungen wollen wir Ihren Weg zum Erfolg ebnen!

Hier geschehen die wahren Wunder

Der folgende Übungsteil enthält alle Übungen, die Sie bereits am Ende jedes einzelnen Kapitels kennengelernt haben. Wir empfehlen, die Übungen beim ersten Mal in der Reihenfolge der Kapitel zu absolvieren – aber das ist keine unumstößliche Regel. Sie können auch Ihr eigenes Übungsprogramm zusammenstellen – hier einige Anregungen dazu:

1. Wählen Sie ein bis zwei Nachmittage oder Abende pro Woche aus (beispielsweise Dienstagabend und/oder Samstagnachmittag.) Einigen Sie sich auf eines der Kapitel, lesen Sie es in Ruhe und nehmen Sie sich anschließend Zeit für die entsprechende Übung. Haben Sie sich vorgenommen, jeden Donnerstag zu üben, sähe Ihr Übungsprogramm folgendermaßen aus:

Woche	Sonntag	Montag	Dienstag	Mittwoch	Donnerstag	Freitag	Samstag
1					Übung 1		
2					Übung 2		
3					Übung 3		
4					Übung 4		
5					Übung 5		
6		Imago-Dialog			Übung 6	Wertschätzungsritual	Wertschätzungsritual
7	Wertschätzungsritual	Wertschätzungsritual	Imago-Dialog	Wertschätzungsritual	Übung 7	Dialog BUV – falls am Vortag nur ein Partner gesendet hat, sendet nun der andere	Wertschätzungsritual
8	Wertschätzungsritual	Wertschätzungsritual	Wertschätzungsritual	Wertschätzungsritual	Übung 8	Liebevolles Denken trainieren & Wertschätzungsritual	Liebevolles Denken trainieren & Wertschätzungsritual
9	Liebevolles Denken trainieren & Wertschätzungsritual	Liebevolles Denken trainieren & Wertschätzungsritual	Liebevolles Denken trainieren & Wertschätzungsritual	Liebevolles Denken trainieren & Wertschätzungsritual	Übung 9	Liebevolles Denken trainieren & Wertschätzungsritual	Liebevolles Denken trainieren & Wertschätzungsritual
10	Liebevolles Denken trainieren & Wertschätzungsritual	Liebevolles Denken trainieren & Wertschätzungsritual	Liebevolles Denken trainieren & Wertschätzungsritual	Liebevolles Denken trainieren & Wertschätzungsritual	Übung 10	Zur weiteren Vertiefung können Sie das Training für liebevolles Denken, das Wertschätzungsritual sowie den Imago-Dialog und den Dialog BUV praktizieren.	

Anmerkung Wir empfehlen Ihnen, während der Dauer Ihres Übungsprogrammes (am besten aber darüber hinaus!) das Wertschätzungsritual sowie das Trainieren von liebevollem Denken beizubehalten.

2. Ein Kurzurlaub ist angesagt! Planen Sie einen Aufenthalt an einem schönen Ort oder erholen Sie sich daheim. Erstellen Sie im Vorhinein einen Übungsplan (wobei jeder von Ihnen beiden ausreichend Zeit finden soll, die jeweiligen Kapitel zu lesen). Hier ein Beispiel für einen Übungs-Urlaub:

	Tag 1	Tag 2	Tag 3	Tag 4	Tag 5	Tag 6	Tag 7
Vormittag		Übung 2	Übung 4	Übung 6	Übung 7 Dialog BUV – falls am Vortag nur ein Partner gesendet hat, sendet nun der andere	Übung 9	Übung 10
Nachmittag	Übung 1	Übung 3	Übung 5	Übung 7	Übung 8		
Vor dem Schlafengehen				Wertschätzungsritual	Liebevolles Denken trainieren & Wertschätzungsritual	Liebevolles Denken trainieren & Wertschätzungsritual	

Wissen allein genügt nicht

An einer partnerschaftlichen Ehe zu arbeiten verleiht ganz neue Kräfte. Letztendlich hängt ja alles von *Ihnen* ab. Durch die Arbeit an einer gesunden Partnerschaft entwickeln **Sie und Ihr Partner/Ihre Partnerin die Kraft, die Partnerschaft Ihrer Träume zu verwirklichen.** Dadurch tragen Sie zur Schaffung neuer Verbindungen in Ihrem Gehirn bei, sodass Sie bald fähig dazu sind, viel mehr als bisher zu genießen, was Ihre Partnerschaft und das Leben Ihnen bietet.

Wenn Sie daran weiterarbeiten, wird es Tage (und manchmal auch Wochen) geben, wo Sie sich ganz oben fühlen und den Eindruck haben, Sie könnten alles, was das Thema Partnerschaft betrifft, aus dem Ärmel schütteln. Aber es wird auch Momente geben, wo Sie am liebsten das

Handtuch werfen würden. Das ist *absolut normal.* Verzweifeln Sie bitte nicht, wenn Enttäuschungen auftreten. Seien Sie bitte nachsichtig mit sich selbst. Sie haben sich „gedehnt" und neues Territorium betreten, deshalb drückt Ihr Gehirn den „Reset"-Knopf und möchte zu alten Verhaltensmustern zurückkehren. Machen Sie einige Zeit Pause, unternehmen Sie etwas, das Ihnen beiden Spaß macht – und nehmen Sie das Übungsprogramm danach wieder auf.

Wissen mag Macht sein – aber es ist nicht genug. Wir lernten auf leidvolle Weise, dass Erkenntnis allein definitiv nicht ausreicht. Erst als wir uns dazu entschieden, die Übungen und deren Werkzeuge *täglich* anzuwenden, begann eine wirkliche Veränderung. Viele kleine Veränderungen summierten sich und führten uns zu der tiefen Verbundenheit, die wir heute genießen können.

Wie viele andere Paare, die wir kennen, werden auch Sie Phasen unterschiedlichen Engagements (und unterschiedlicher Begeisterung) durchlaufen. Ganz allgemein bedeutet das, dass Schildkröten (die weniger gern einer Richtung folgen) sich ein bisschen „dehnen" müssen. Und Hagelstürme (die sich oft übereifrig in die Erledigung von Dingen stürzen wollen) müssen sich selbst ein bisschen zur Zurückhaltung mahnen.

Ja, das traf auch auf uns absolut zu.

Harville: Als Helen mich erstmals darauf ansprach, diese Übungen mit ihr zu machen, zog ich mich in meinen (Schildkröten)-Panzer zurück. Ich wusste zwar, dass ich sie erstellt und seit Jahren andere Menschen dazu angeleitet hatte, und dass diese Übungen jenen sehr geholfen hatten. Trotzdem verspürte ich einen gewissen Widerstand, mich *tatsächlich hinzusetzen und diese Übungen zu machen.*

Helen: Und ich wusste, wenn Harville widerstrebend einwilligte, musste ich es um jeden Preis vermeiden, Druck zu machen. Denn würde mein starker Hagelsturm auf den Plan treten, wäre die Vision, gemeinsam Übungen zu machen, vorbei, bevor sie noch begonnen hätte.

Auch wir mussten am Anfang also Schritt für Schritt gehen. Aber es dauerte nicht allzu lang, bis unsere Partnerschaft unglaublich gute Gefühle in uns auslöste. Je mehr Übungen wir absolvierten, desto mehr Spaß machte es uns. Und schon bald verteidigten wir jene Zeiten, die wir zum Üben reserviert hatten, wie die Wachhunde – denn wir wollten weiterhin wirklich gute Zeiten erleben!

Wir bitten Sie daher inständig, dass Sie die Gedanken dieses Buches lesen und aufnehmen *und* im Rahmen der Übungen umsetzen. Die Kombination von beidem hat die Kraft, Ihr Leben wirklich zu verändern.

Um jene Dinge zu verwirklichen, die Sie in den Übungen erlernen, müssen Sie manches anders machen als bisher (und seien wir ehrlich, wenn Ihr bisheriger Weg sehr gut funktioniert hätte, hätten Sie wohl kaum dieses Buch gekauft). Seien Sie dazu bereit, sich zu dehnen! Wenn aber der Krokodilschwanz zu heftig auf den Boden drischt, wenn sich die Schildkröte nicht aus ihrem Panzer locken lässt oder der Hagelsturm so richtig loslegt, dann denken Sie bitte daran, dass es gut ist, etwas Abstand zu gewinnen. **Rufen Sie Ihre innere Eule zu Hilfe**. Und erinnern Sie sich an Kapitel 9: Machen Sie einen Spaziergang, sehen Sie einen Film an, kochen Sie gemeinsam oder ziehen Sie sich zu zweit ins Schlafzimmer zurück. Wenn Sie gemeinsam etwas Entspannung gefunden und vielleicht auch etwas Oxytocin produziert haben, werden Sie sich den Dingen neu stellen können.

Sie können natürlich auch unsere Website www.harvillehendrix.com besuchen. Dort finden Sie Fallbeispiele, Übungen und Anregungen – und darüberhinaus die Liste aller Imago-TherapeutInnen weltweit sowie unsere aktuellen Workshop-Termine.

Hinweis Die Arbeitsblätter zu allen Übungen finden Sie auch als PDF-Download unter der Webadresse:

www.rgverlag.com/HH5AB

Übung Damals und Jetzt

Die romantische Liebe verbündet sich mit Ihrem Unterbewusstsein und bewegt Sie dazu, sich in einen Menschen zu verlieben, dessen Verhaltensweisen Ihre Kindheitswunden erneut aktivieren. Jetzt, wo Sie erwachsen sind, können Sie in einer verbindlichen Partnerschaft mit den Werkzeugen dieses Buches eine neue, glücklichere Erfahrung machen.

Der erste Schritt hierzu besteht darin, die Ähnlichkeit zwischen Ihrem Partner/Ihrer Partnerin und Ihren Eltern zu erkennen. Erinnern Sie sich, Ihr Partner/Ihre Partnerin muss Ihren Eltern keineswegs ähnlich sehen und sich auch nicht ähnlich verhalten. Das Spannende ist, dass *durch die Verhaltensweisen Ihres Partners/Ihrer Partnerin dieselben Gefühle in Ihnen wach werden wie damals*. Das Erkennen dieser Verbindung zwischen Vergangenheit und Gegenwart wird Ihnen helfen, Anschuldigungen durch Offenheit und Verständnis füreinander zu ersetzen. Dies bildet die Basis für gemeinsame Arbeit an Ihrer Partnerschaft.

Als Beginn

1. Schreiben Sie bitte auf, in welcher Hinsicht Sie von wichtigen frühen Bezugspersonen enttäuscht wurden und wie Sie sich damals gefühlt haben (Sie können dies direkt nach dieser Übung, in der Liste „Enttäuschungen – Damals", schriftlich festhalten). Diese Enttäuschungen können auf ein konkretes Ereignis zurückzuführen sein oder Ihrer allgemeinen Gefühlslage zu jener Zeit entsprechen.
   Zur Erinnerung: Zu Ihren frühen, primären Bezugspersonen zählen alle jene Personen, die verantwortlich für Sie als Baby und Kleinkind waren,

also Eltern, ältere Geschwister, Verwandte oder andere Babysitter.

2. Auf der darauffolgenden Liste „Enttäuschungen – Jetzt" halten Sie bitte jene Enttäuschungen fest, die Ihr Partner/Ihre Partnerin immer wieder in Ihnen auslöst, sowie die Gefühle, die dadurch in Ihnen hervorgerufen werden. Zählen Sie bitte so viele wie nur möglich auf – sowohl kleine Lästigkeiten, die zu großen Enttäuschungen führen, als auch solche, die schwer auf Ihnen lasten.

3. Gehen Sie nun die Listen von Punkt 1 und Punkt 2 noch einmal in Ruhe durch und versuchen Sie, Gemeinsamkeiten in diesen Listen zu erkennen.

Für die nächste Zeit

Tauschen Sie sich mit Ihrem Partner/Ihrer Partnerin über die Gemeinsamkeiten dieser beiden Listen aus. Sie werden merken, wie Ihr Interesse an Ihrem Partner/Ihrer Partnerin wächst, während Sie sich darüber austauschen. Es ist fast nicht möglich, gleichzeitig starkes Interesse und starke Enttäuschung zu verspüren. In der Übung zur Erkenntnis 7 werden Sie trainieren, jene Enttäuschungen über Verhaltensweisen Ihres Partners/Ihrer Partnerin, die Sie sehr belasten, in konkrete Bitten im Sinne von Wachstum und Heilung zu verwandeln.

Zur Erinnerung

90 Prozent der Enttäuschungen, die unser Partner in uns auslöst, hängen nicht mit ihm, sondern mit unserer Vergangenheit zusammen. Das bedeutet, dass nur 10 Prozent des aktuellen Frusts mit Ihnen beiden persönlich zu tun haben.

Enttäuschungen – Damals und Jetzt

Name ______________________________

Enttäuschungen – Damals

Enttäuschungen aus meiner Kindheit	**Gefühle**
Allgemeines Beispiel: Mein Vater kritisierte mich ständig.	*minderwertig*
Konkretes Beispiel: Mein älterer Bruder vergaß meinen Geburtstag.	*verärgert/ unwichtig*

Enttäuschungen – Jetzt

Enttäuschungen – ausgelöst durch meinen Partner/meine Partnerin	**Gefühle**
Allgemeines Beispiel: Du klagst darüber, dass unser Haus unaufgeräumt und unorganisiert ist.	*minderwertig*
Konkretes Beispiel: Vergangenen Freitag kochte ich ein besonders gutes Essen für uns, aber du spieltest zwei Stunden lang Computerspiele.	*verärgert/ unwichtig*

Erkenntnis 2 Gegensätzlichkeit ist der Beweggrund für Ihre Partnerschaft

Übung Den Hagelsturm zähmen und die Schildkröte ermutigen

Gegensätzlichkeit und die daraus resultierende Spannung zwischen den Gegensätzen trägt entscheidend zu Heilung und Wachstum bei. Eine Tatsache, in der Sie und Ihr Partner/Ihre Partnerin gegensätzlich sind, ist die Art, wie Sie auf Konflikte reagieren.

Vermutlich erkannten Sie beim Lesen von Kapitel 2 sehr rasch, wer von Ihnen beiden die Schildkröte und wer der Hagelsturm ist. Falls nicht, könnten Sie die Beschreibungen nun erneut durchlesen und sich darüber austauschen. Sollten Sie danach noch immer im Dunkeln tappen, überlegen Sie bitte, wie Sie reagieren, wenn Sie eine große Enttäuschung oder Ärger erleben. Auch Ihren Partner/Ihre Partnerin können Sie um seine/ihre Meinung bitten.

Zu wissen, ob ich Schildkröte oder Hagelsturm bin, ist eine wichtige Sache, aber wie kann ich nun daran arbeiten? Im Folgenden finden Sie einige Vorschläge, die wir selbst und viele Paare, die unsere Workshops besuchen, als äußerst nützlich beschrieben. Es sind sehr hilfreiche Anregungen für Zeiten großer Konflikte. Sie können aber auch präventiv eingesetzt werden, damit der Hagelsturm weniger hagelt und die Schildkröte sich weniger zurückzieht.

Die Schildkröte ermutigen

Sie sind ein Hagelsturm und Ihre Schildkröte steckt in ihrem Panzer fest. Hier einige Vorschläge, wie Sie sie ermutigen können, sich wieder hervorzuwagen:

1. Fragen Sie sie, was sie im Moment von Ihnen brauchen würde.
   Ärgern Sie sich nicht, wenn Ihre Schildkröte das selbst nicht so genau wissen sollte. Fragen Sie einfach und konzentrieren Sie sich ganz darauf, dass Ihr Partner/Ihre Partnerin sich sicher fühlen und Ihnen etwas anvertrauen kann. Zeigen Sie sich offen und fragen Sie nach, warum Ihre Schildkröte einen harten Panzer hat (und einen weichen Bauch).

2. Tun Sie vorerst einmal gar nichts.
   Das ist die einfachste (und im Allgemeinen effektivste) Methode. Für einen Hagelsturm kann dies jedoch die schwierigste Herausforderung bedeuten. Gibt man aber der Schildkröte ein bisschen Raum, dann streckt sie rasch ihren Kopf aus ihrem Panzer heraus – und sofort fühlt man sich als Hagelsturm nicht mehr so einsam.

3. Schreiben Sie eine kurze, freundliche und aufrichtige Anerkennung für sie und legen Sie dieses Briefchen irgendwohin, wo Ihre Schildkröte es gut sehen kann (auf ihren Schreibtisch, das Nachtkästchen, in ihre Geldbörse ... oder kleben Sie es auf den Badezimmerspiegel).
   Das erinnert die Schildkröte daran, dass sie geschätzt wird.

Den Hagelsturm abkühlen

Stellen Sie sich vor, Sie wären die Schildkröte und Ihr Hagelsturm bebt vor Zorn und hagelt golfballgroße Hagelkörner. Hier sind einige Vorschläge, wie Sie die Sturmwolken wegpusten können:

1. Schenken Sie ein kleines Symbol Ihrer Wertschätzung – eine Blume, ein nettes Briefchen, etwas Süßes, das Ihr Hagelsturm liebt.
   Diese kleine Geste zeigt ihm, dass er Ihnen wichtig ist und Sie sich nicht zurückziehen.

2. Fragen Sie Ihren Hagelsturm: „Was belastet dich gerade?" Hören Sie ihm zu und wiederholen Sie, was Ihr Hagelsturm erzählt.

3. Wenn Sie ihm konkret helfen möchten, sich wieder zu beruhigen, fragen Sie: „Gibt es etwas, das ich für dich tun kann?"
   Mehr als alles andere wird diese Frage dem Hagelsturm zeigen, dass Sie voll und ganz hinter ihm stehen. Für den Hagelsturm ist es das Wertvollste auf der Welt, einen Partner/eine Partnerin zu haben, der/die hinter ihm steht. Wichtig ist aber, dass Sie tatsächlich TUN, worum immer Ihr Hagelsturm Sie gebeten hat. Denn sonst können Sie sich auf einen noch schlimmeren Hagel gefasst machen!

Zur Erinnerung

Gegensätzlichkeit ist nicht nur der Beweggrund für Ihre Partnerschaft – sondern auch die Chance auf eine großartige Partnerschaft

Übung Was ich vermisse und was ich mir wünsche

Die Konflikte, mit denen Sie kämpfen, sind normal. Es geht nicht nur Ihnen so. Jedes Paar auf dieser Welt gerät manchmal in Probleme. Klingt das nicht erleichternd?

Jeder Konflikt bringt die Botschaft, dass in Ihrer Partnerschaft etwas Neues geboren werden möchte. Je besser Sie erkennen, was das sein könnte, desto leichter können Sie es umsetzen. Die folgende Übung wird Ihnen dabei helfen.

Als Beginn

1. Schreiben Sie bitte all das auf, was Sie zu Beginn Ihrer Partnerschaft genossen und geschätzt haben und was Sie nun vermissen (siehe Liste „Was ich vermisse und was ich mir wünsche" nach dieser Übung).

2. Dann schreiben Sie bitte etwas auf, nach dem Sie sich in Ihrer Partnerschaft schon lange sehnen – und das Ihnen ein Gefühl schenkt, das Sie vielleicht noch nie zuvor hatten.

Für die nächste Zeit

Nennen Sie nun abwechselnd Punkte von Ihren beiden Listen. Dabei werden sicherlich auch schöne Erinnerungen auftauchen – erzählen

Sie Ihrem Partner/Ihrer Partnerin davon! Wenn einer Ihrer Wünsche beispielsweise lautet, mehr gemeinsame Reisen zu machen, könnte die Erinnerung an eine wunderschöne Reise aufkommen, die Sie in der Anfangszeit Ihrer Partnerschaft gemeinsam unternahmen. Wenn Sie sich gemeinsam daran zurückerinnern – am besten zärtlich aneinandergeschmiegt auf dem Sofa – wird Ihr Gehirn das Liebeshormon Oxytocin freisetzen, das für die wunderschönen Gefühle während jener Reise in der romantischen Phase Ihrer Partnerschaft zuständig war.

Sie können auch gemeinsam eine Liste mit allen Visionen erstellen, die Sie in Ihrer Partnerschaft verwirklichen wollen – und diese Liste auf dem Kühlschrank aufhängen. Manches werden kleine Punkte sein (wie zum Beispiel öfter zärtlich zueinander zu sein oder regelmäßig Freunde einzuladen), andere können durchaus größere Vorhaben sein (wie eine zweite Hochzeitsreise zu machen). Wenn Sie Wünsche für Ihre Partnerschaft immer wieder vor sich sehen, wird Sie das erinnern, Ihre Priorität auf das Verwirklichen dieser Wünsche zu legen.

Zur Erinnerung

Indem Sie sich dehnen, um Ihrem Partner/Ihrer Partnerin zu schenken,
was er oder sie wirklich braucht,
entwickeln Sie selbst wichtige neue Fähigkeiten.

Was ich vermisse und was ich mir wünsche

Name ______________________________

Was ich vermisse

Mir war es sehr wichtig, dass wir ...
Allgemeines Beispiel: ... zusammen zum Candle-Light-Dinner gingen
Konkretes Beispiel: ... spontan für ein Wochenende nach Paris flogen

Was ich mir wünsche

Ich wünschte, wir könnten ...
Allgemeines Beispiel: ... öfter spontan Sex miteinander haben
Konkretes Beispiel: ... das tolle neue Musical gemeinsam besuchen

Übung Frühjahrsputz für unseren Paar-Zwischenraum

Ihr Paar-Zwischenraum ist der unsichtbare Raum, der über die Gesundheit Ihrer Partnerschaft entscheidet. Sie können ihn mit Spannung und Konflikten füllen oder mit Liebe und Sicherheit. Die folgende Übung wird Ihnen helfen, Ihren Paar-Zwischenraum in einen heiligen Raum zu verwandeln.

Als Beginn

1. Schreiben Sie auf der übernächsten Seite „Unser Paar-Zwischenraum" in die beiden kleinen Kreise in den Ellipsen der Abbildung den Vornamen Ihres Partners/Ihrer Partnerin sowie Ihren eigenen Vornamen.

2. Dann schreiben Sie in die obere Ellipse so viele Gedanken, Gefühle und Verhaltensweisen wie möglich, die Sie positiv in Ihrem Zwischenraum erleben – all das, was GROSSARTIG ist. Diese Dinge bringen Sicherheit, Verbundenheit und/oder Leidenschaft mit sich: Respekt, Liebe, gemeinsame Elternschaft, liebevolle Verabredungen mit dem Partner/der Partnerin ...

3. Schreiben Sie in die unten abgebildete Ellipse so viele Gedanken, Gefühle und Verhaltensweisen wie nur möglich, die Sie negativ in Ihrem Zwischenraum erleben – all das, was BELASTEND ist. Diese Dinge bringen Zweifel, inneren Abstand oder Ärger mit sich: Miss-

trauen, Kritik, fehlende Nähe, fehlender Humor ...

Für die nächste Zeit

Tauschen Sie mit Ihrem Partner/Ihrer Partnerin aus, wie er/sie dazu beiträgt, was in Ihrer Partnerschaft *großartig* ist. *(Zum Beispiel: „Das Beste, das du in unseren Zwischenraum einbringst, ist ...")* Und fahren Sie fort, indem Sie aufzählen, wie *Sie* zu den Belastungen beitragen. *(Zum Beispiel: „Ich habe den Eindruck, ich trage zu unseren Belastungen bei, indem ich ...")* Zum Schluss überlegen Sie bitte gemeinsam, wie Sie beide das Großartige in Ihrer Partnerschaft verstärken und die Belastungen immer weiter reduzieren können, um Sicherheit in Ihrem Zwischenraum zu schaffen und ihn in einen heiligen Raum zu verwandeln.

Zur Erinnerung

Eines der schönsten und essenziellsten Dinge in unserer Partnerschaft
ist die Berufung, einander Heilung zu schenken.
Und das bedeutet:
KEINE Vorwürfe, KEINE Anschuldigungen und
KEINE Kritik im Paar-Zwischenraum!

Unser Paar-Zwischenraum

Name ______________________________

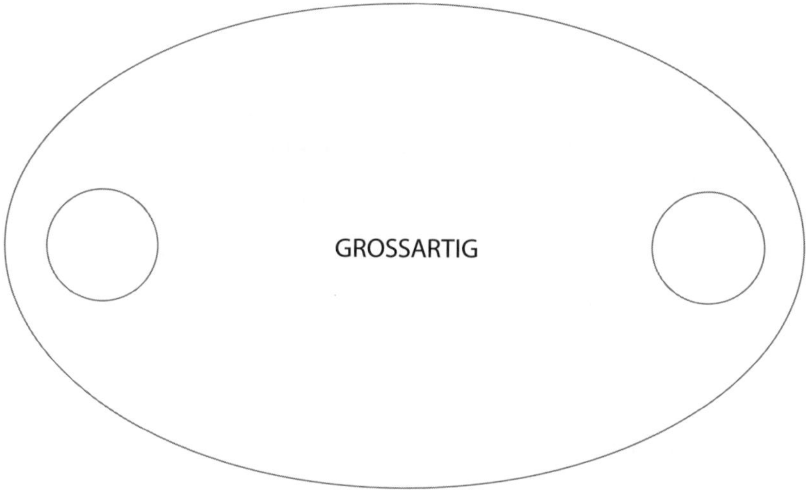

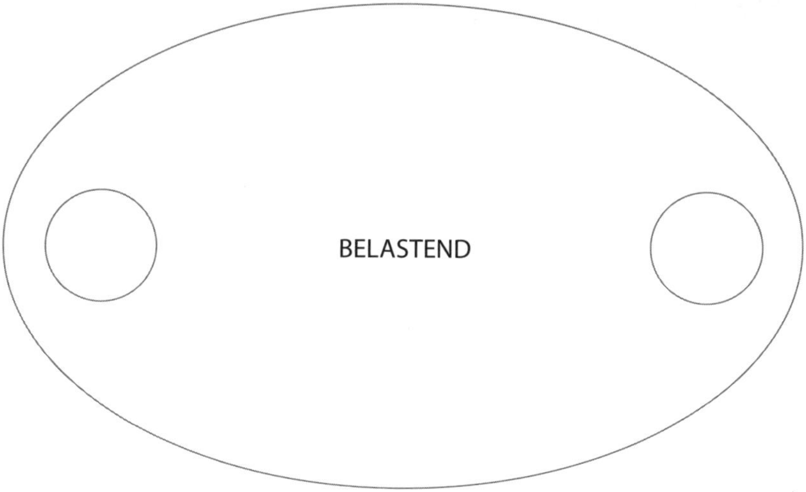

Übung Der Imago-Dialog

Der Dialog ist eine strukturierte Art der Kommunikation, die eine einfühlsame Verbindung zwischen Ihnen und Ihrem Partner/Ihrer Partnerin schafft. Nun haben Sie die Chance, sich auf diese (r)evolutionäre Form, Verbundenheit zu erreichen, einzulassen. Je mehr Imago-Dialoge Sie führen, desto vertrauter und natürlicher wird es für Sie sein. Wundern Sie sich daher nicht, wenn Sie sich selbst dabei ertappen, Ihren Partner/Ihre Partnerin mitten im Alltag, beim Austauschen von Herausforderungen und Erfolgserlebnissen, zu spiegeln, seine/ihre Worte gelten zu lassen und sich in ihn/sie einzufühlen. Selbstverständlich können Sie den Imago-Dialog auch praktizieren, ohne zuvor einen Gesprächstermin miteinander vereinbart zu haben – immer dann, wenn Enttäuschungen Sie belasten oder unerwartete Freude über Ihre Partnerschaft Sie bewegt.

Als Beginn

1. Entscheiden Sie, wer die Rolle des Senders und wer die Rolle des Empfängers übernimmt.

2. Wählen Sie ein Thema. Wir empfehlen, mit etwas Positivem wie einer Wertschätzung für Ihren Partner/Ihre Partnerin zu beginnen, oder auszutauschen, was Sie tagsüber erlebt haben.

3. Zu Beginn bittet der Sender den Empfänger um einen Gesprächstermin und fragt: „Wärst du jetzt bereit für einen Imago-Dialog?"

Schritt 1: Spiegeln

Der Sender beginnt mit seiner Botschaft und spricht in der Ich-Form, mit der Verantwortlichkeit des Senders.

Der Empfänger spiegelt NUR das, was der Sender sagt, und zwar folgendermaßen: „Ich möchte sehen, ob ich dich gehört habe. Du ... *(sagen Sie exakt, was Ihr Partner/Ihre Partnerin gesagt hat).* Habe ich dich gehört?"

Wenn der Sender bestätigt, dass der Empfänger ihn gehört hat, fragt der Empfänger: „Gibt es da noch etwas?"

Der Empfänger spiegelt weiter, bis der Sender sagt, dass er sich voll und ganz gehört fühlt.

Schritt 2: Geltenlassen

Der Empfänger lässt den Standpunkt des Senders gelten, indem er seine Sinnhaftigkeit anerkennt: „Was du sagst, macht Sinn, weil ..." Nicht vergessen, es geht nicht darum, zur Übereinstimmung zu kommen.

Schritt 3: Einfühlen

Versuchen Sie, als Empfänger in Verbindung mit den Gefühlen zu kommen, die sich hinter dem Thema des Senders verbergen. Es gibt vier Hauptkategorien von Gefühlen: Wut, Trauer, Freude und Angst.

Um sich einzufühlen, sagt der Empfänger beispielsweise: „Aufgrund dessen, was ich gehört habe, nämlich dass ... (*fügen Sie hier noch einmal ein, was Ihr Partner/Ihre Partnerin über das Thema gesagt hat),* kann ich mir vorstellen, was du fühlst ... *(beschreiben Sie den Gefühlszustand Ihres Partners/Ihrer Partnerin mit ein oder zwei Worten).*"

Vergewissern Sie sich, indem Sie nachfragen: „Fühlst du dich so?"

Sagt der Sender jedoch: „Nein, ich fühle mich in Wahrheit so ...", dann spiegelt der Empfänger neuerlich, was der Sender sagte.

Wenn der Sender bestätigt, dass der Empfänger verstanden hat, wie er sich fühlt, können Sie die Rollen tauschen. Der Sender wird zum Empfänger und der Empfänger wird zum Sender.

Das Allerwichtigste beim Imago-Dialog ist Üben, Üben und nochmals Üben!

Für die nächste Zeit

Üben Sie den Imago-Dialog. Wir empfehlen, sich eine Zeit für „vollständige" Dialoge zu reservieren, und gleichzeitig auch ab und zu im Alltag zu trainieren. Das hilft Ihrem Gehirn! Hier sind einige Beispiele:

- „Wenn ich dich richtig verstanden habe, hast du gesagt, ich solle dir den Salzstreuer geben. Habe ich dich gehört?" (Spiegeln)
- „Gibt es noch mehr dazu?"
- „Du hast gerade gesagt, es wäre wichtig, dass ich nicht so viel Unordnung mache, nachdem du die Küche geputzt hast. Das macht Sinn." (Geltenlassen)
- „Das hat dein Chef wirklich zu dir gesagt? Ich kann mir vorstellen, dass du nun sehr zufrieden und stolz bist. Fühlst du dich so?" (Einfühlen)

Jede Interaktion ist eine Gelegenheit, den Imago-Dialog mehr in unser Leben zu integrieren. Wir wünschen gutes Gelingen dabei!

Zur Erinnerung

Beim Imago-Dialog ist nicht die Übereinstimmung das Ziel.
Das Ziel ist, einander abwechselnd wahrhaft zuzuhören.

Übung Das Wertschätzungsritual

Negatives Verhalten wirkt wie Gift auf Ihre Partnerschaft. Unter „Negativität" verstehen wir Worte, Tonfall, Gesichtsausdruck und alle Verhaltensweisen, die Ihr Partner/Ihre Partnerin als negativ empfindet. In einer Partnerschaft, die von negativen Verhaltensweisen erfüllt ist, ist Wachstum nicht möglich. Deshalb müssen Sie sie „entgiften", indem Sie jedes negative Verhalten einstellen.

Zwei Dinge halfen uns – und tausenden anderen Paaren – am meisten, jegliche negative Verhaltensweisen zu stoppen. Erstens, ersetzen Sie Bewertung durch Interesse. Eine einfache Hilfestellung hierzu ist der Gedanke, Sie begegnen dem Partner/der Partnerin zum allerersten Mal (um dies lustig zu gestalten, können Sie zum Beispiel getrennt in eine Bar gehen und einander dort vorstellen, als hätten Sie einander noch nie zuvor gesehen).

Zweitens, sagen Sie dem Partner/der Partnerin, was Sie an ihm/ihr schätzen. Erinnern Sie sich, als wir damit begannen, hatten wir weitaus mehr Übung darin, dem Partner/der Partnerin zu sagen, was wir nicht mochten – und hatten verlernt, das Gute zu erkennen. Unsere Wertschätzungen kamen stotternd. Das Wertschätzungsritual war und ist ein derart entscheidender Baustein für die positive Verwandlung unserer Partnerschaft, dass wir eine praktische Übung daraus entwickelten, mit deren Hilfe Sie gut erkennen können, was Sie wirklich an Ihrem Partner/Ihrer Partnerin schätzen.

Es ist soweit: Konzentrieren Sie sich ganz auf das Gute, dadurch kann Ihre Partnerschaft immer großartiger werden!

Als Beginn

Erstellen Sie eine Liste mit den Eigenschaften Ihres Partners/Ihrer Partnerin. Beginnen Sie mit den Äußerlichkeiten, nennen Sie dann Charaktereigenschaften und schließlich Verhaltensweisen, die Sie an ihm/ihr schätzen, lieben und bewundern. Als vierte Kategorie formulieren Sie bitte liebevolle Sätze. Im Anschluss an die Übung finden Sie einen Vordruck mit der Überschrift „Ich liebe und schätze dich!" samt einigen Beispielen.

Für die nächste Zeit

Sagen Sie Ihrem Partner/Ihrer Partnerin jeden Abend vor dem Schlafengehen drei Punkte, die Sie an ihm/ihr schätzen. Versprechen Sie einander zusätzlich, das gerade beschriebene Wertschätzungsritual für die restliche Dauer Ihres Übungsprogrammes (gleichgültig, ob Sie sich an das Programm, das wir im Übungsteil vorschlagen, halten wollen oder die Übungen selbst auswählen) beizubehalten – und zwar für jene Tage, wo keine anderen Übungen vorgesehen sind.

Und denken Sie bitte daran, *dass Wiederholungen nicht erlaubt sind*. Sie können mit den Wertschätzungen beginnen, die Sie auf Ihre Liste geschrieben haben. Sie können Ihren Partner aber auch jeden Tag aus einer wertschätzenden Perspektive heraus beobachten. Der tiefere Sinn dieser Übung besteht darin, Ihren Fokus von dem, was Sie nicht mögen, auf das, was Sie mögen, zu verschieben. Durch diesen Perspektivenwechsel werden Sie beide mehr und mehr Dinge erkennen, die Sie aneinander mögen – und das wird Sie inspirieren, mehr davon in Ihre Partnerschaft einzubringen.

Auch wenn Sie irgendwann mit unserem Übungsprogramm „fertig" sein sollten, können Sie das Ritual beibehalten, einander Wertschätzung zu schenken. Es fühlt sich doch toll an, warum also nicht?

Zur Erinnerung

Energie folgt der Aufmerksamkeit.
Je mehr Aufmerksamkeit Sie auf das Gute richten,
desto mehr Gutes wird es geben,
auf das Sie Ihre Aufmerksamkeit richten können.

Ich liebe und schätze dich!

Name ______________________________

Ich liebe dein(e) / Ich liebe es, wie du ...

Körperliche Merkmale	Charak-tereigen-schaften	Verhaltens-weisen	Allgemeine Wertschät-zungen
blaue Augen	*fröhlich*	*unserer Tochter jeden Abend ein Buch vorliest*	*Du bist einfach großartig!!!*
Lachfältchen	*mitfühlend*	*mir jeden Morgen den Kaffee machst*	*Mit dir verheiratet zu sein ist ein Riesenglück für mich!*

Erkenntnis 7 Negatives Verhalten ist Ausdruck unerfüllter Bedürfnisse

Übung Der Dialog „Bitte um Verhaltensänderung“

Der Dialog „Bitte um Verhaltensänderung" ist der Schlüssel dazu, Ihre Enttäuschungen über Verhaltensweisen Ihres Partners/Ihrer Partnerin in Wachstum zu verwandeln. Enttäuschungen und Frustrationen beruhen in Wahrheit auf versteckten Wünschen. Sie sind wie eine Maske, hinter der sich das versteckt, was Sie sich wirklich von Ihrem Partner/Ihrer Partnerin wünschen, aber noch nie bekommen haben.

Die folgende Übung lehrt Sie, Ihre Enttäuschungen oder Wünsche Ihrem Partner/Ihrer Partnerin so zu vermitteln, dass er/sie sie mit innerer Bereitschaft anhören kann. Diese Form des Dialoges inkludiert eine Methode, Bitten an Ihren Partner/Ihre Partnerin zu richten. Wenn Sie einerseits diese Bitten erfüllen und sich andererseits dafür öffnen, dass Ihr Partner/Ihre Partnerin sie erfüllt, werden Wachstumsschritte für Sie beide möglich.

Als Beginn

1. Wählen Sie ein frustrierendes Erlebnis mit Ihrem Partner/Ihrer Partnerin (sollte Ihnen im Moment keines einfallen, können Sie zu jener Liste zurückblättern, die Sie in der ersten Übung „Damals und Jetzt" erstellt haben. Beginnen Sie mit einem Maulwurfshügel und NICHT mit dem größten Berg – Sie wollen Ihnen und Ihrem Partner/Ihrer Partnerin doch Erfolgserlebnisse ermöglichen.

2. Halten Sie sich genau an die einzelnen Schritte für den Dialog „Bitte um Verhaltensänderung".

Auf unserer Website www.harvillehendrix.com *finden Sie Videobeispiele und andere Hilfestellungen.*

Schritt 1: Vereinbaren Sie einen guten Zeitpunkt

Der Sender bittet den Empfänger um einen Dialog.

Sender: Ich möchte gerne mit dir über eine Bitte sprechen, die ich an dich hätte. Wäre jetzt ein guter Zeitpunkt?

Schritt 2: Beschreiben Sie Ihre Frustration in kurzen Worten

Beschreiben Sie mit der besonderen Verantwortung des Senders in einem oder höchstens zwei Sätzen Ihre Frustration. Ein Beispiel hierfür könnte sein (natürlich werden Sie einen Punkt aus Ihrem eigenen Leben wählen):

Sender: Ich bin sehr frustriert, wenn du später nach Hause kommst, als vereinbart.

Der Empfänger spiegelt exakt zurück, was der Sender gesagt hat.

Empfänger: Ich möchte sehen, ob ich dich gehört habe. *(Wiederholt Wort für Wort die Frustration, die sein Partner/seine Partnerin gerade formuliert hat. Für das genannte Beispiel wäre dies: „Du bist sehr frustriert, wenn ich später nach Hause komme, als vereinbart.")* Habe ich dich gehört?

Wenn der Sender bestätigt, dass der Empfänger ihn gehört hat, fragt der Empfänger: **„Gibt es noch mehr dazu?"** Und denken Sie daran, Sie müssen Ihren Partner/Ihre Partnerin vor einem Wortschwall bewahren!

Sender: Wenn du nicht pünktlich kommst, beginne ich mir Sorgen zu machen.

Der Empfänger spiegelt auch die neue Aussage. Wenn der Sender bestätigt, dass der Empfänger alles gehört hat, lässt der Empfänger seine Worte gelten und fühlt sich in die Gefühle des Senders ein.

Empfänger: Es macht Sinn, dass es dich frustriert und dass du dir Sorgen machst, wenn ich später nach Hause komme, als vereinbart *(Empfänger lässt die Aussage gelten).* Und ich kann mir vorstellen, dass du dich dann traurig und auch etwas wütend fühlst *(Empfänger fühlt sich ein).*

Schritt 3: Die Bitte, formuliert nach der SMART-Regel

Hat der Empfänger die Bitte des Senders gespiegelt, seine Worte gelten gelassen und sich in die Gefühle des Senders eingefühlt, und fühlt der Sender sich gehört und verstanden, bittet der Empfänger den Sender, drei Bitten zu formulieren. Der Sender nennt klar und konkret drei Dinge, die ihm helfen würden.

Empfänger: Was kann ich tun, um deine Frustration zu heilen? Bitte nenne mir drei Vorschläge.

Sender: Ich danke dir für diese Frage. Hier sind drei Vorschläge, die mir helfen könnten, diese Frustration aufzulösen.

1. Du könntest mir während des nächsten Monats einmal pro Woche den Rücken massieren *(die Bitte könnte durchaus auch erotischer sein ...).*

2. Du könntest mir während der nächsten beiden Monate zwei Mal an einem Samstag oder Sonntag das Frühstück ans Bett bringen.
3. Du könntest im nächsten Monat einmal pro Woche den Lebensmitteleinkauf übernehmen.

Beachten Sie bitte: Vier Massagen, zweimal Frühstück ans Bett oder viermal den Einkauf zu erledigen scheint überproportional viel zu sein im Vergleich zur genannten Frustration. Aber es gibt gute Gründe dafür. Unser Gehirn achtet vorrangig auf das Negative. Deshalb sind mehrere Wiederholungen des Positiven nötig, um dies auszugleichen. Vielleicht halten Sie das für unlogisch. aber so funktioniert unser menschliches Gehirn nun einmal. Das Negative mit einer ordentlichen Portion des Positiven zu bekämpfen, ist eine gute Möglichkeit, Ihr Gehirn zu trainieren (mehr dazu finden Sie in Kapitel 8).

Für die nächste Zeit

Machen Sie weiterhin solche Dialoge und wechseln Sie sich als Sender und Empfänger ab. Bearbeiten Sie zuerst kleine Frustrationen (denken Sie daran, mit dem Maulwurfshügel zu beginnen anstatt mit einem Berg). Wenn Sie beide immer mehr Erfahrung mit dem Dialog „Bitte um Verhaltensänderung" sammeln, können Sie sich an größere Herausforderungen wagen. Es empfiehlt sich, unterschiedliche Abende zu wählen, damit nicht beide Partner am selben Abend Sender sind. Abgesehen von dem Fall, dass Sie und Ihr Partner ein Intensiv-Übungswochenende planen oder sogar eine ganze Übungswoche (siehe Übungsteil), empfehlen wir, einen solchen Dialog einmal pro Woche zu führen. In der ersten Woche ist ein Partner/Partnerin der Sender, in der nächsten Woche der/die andere und so weiter. Auf diese Weise lässt sich wirklich die Erfahrung machen, dass die eigene Frustration vom Partner gehört und aufgenommen wird.

Für den Empfänger ist es günstig, die Bitte, deren Erfüllung er versprochen hat, irgendwo aufzuschreiben, wo er sie täglich sehen kann. Das hilft durchzuhalten, was man versprochen hat. Gelingt es dem Empfänger, so sollten es beide Partner feiern!

Zur Erinnerung

Es schenkt Ihnen beiden Erfolgserlebnisse,
wenn Sie beim Dialog „Bitte um Verhaltensänderung"
mit kleinen Schritten vorwärts kommen.
Durch diesen Glücksschub werden Sie weitere Erfolgserlebnisse anstreben –
bis Sie das Gefühl haben,
dass alle Themen in Ihrer Partnerschaft gelöst sind.

Erkenntnis 8 Unser Gehirn hat ein gewisses Eigenleben

Übung Liebevolles Denken trainieren

Gehirnspezialisten haben bewiesen, dass es möglich ist, unser Gehirn so zu trainieren, dass es neue Neuronenverbindungen ausbildet, mit deren Hilfe wir gesündere zwischenmenschliche Beziehungen aufbauen können. Für unsere Erklärungen in diesem Buch unterteilten wir das äußerst komplexe menschliche Gehirn in zwei Abschnitte: den tiefer liegenden und rasch reagierenden Teil, den wir „Krokodil" genannt haben, sowie den höher liegenden, reflektierenden Teil, der sogenannte „Win-win-Lösungen" erarbeiten kann, auch „Eule" genannt.

Die folgende Übung wird Ihnen helfen, den höheren Teil Ihres Gehirns zu stärken, damit Sie sich leichter mit Ihrer inneren Eule verbünden können. (Schlaf nur ruhig weiter, mein Krokodil!)

Als Beginn

1. Nehmen Sie sich 10 bis 15 Minuten Zeit für diese Übung. Ziehen Sie sich an einen ruhigen und ungestörten Platz zurück. Sie können sich bequem hinsetzen, Ihre Augen schließen, sich fünf Minuten lang ganz auf Ihren Atem konzentrieren und dabei Ihre eigenen Atemzüge zählen. (Sie können dazu einen Küchenwecker oder den Alarm Ihres Mobiltelefons benützen.) Wenn Sie sich verzählen sollten, beginnen Sie einfach wieder von Neuem – bis die fünf Minuten vorbei sind.

2. Denken Sie nun an etwas, das Sie ziemlich an Ihrem Partner/Ihrer Partnerin „nervt". Konzentrieren Sie sich zwei Atemzüge lang mit Ihrer ganzen Kraft darauf. Lassen Sie diesen Gedanken wieder los und richten Sie Ihre Aufmerksamkeit stattdessen auf etwas, das Sie an Ihrem Partner/Ihrer Partnerin sehr lieben. Konzentrieren Sie sich fünf tiefe Atemzüge lang darauf. Dann kommt eine kurze Pause, danach noch einmal fünf Atemzüge lang der Gedanke an das, was Sie so lieben an Ihrem Partner/Ihrer Partnerin, danach ein weiteres Mal – insgesamt fünf Minuten lang.

3. Und nun stellen Sie sich Ihren Partner/Ihre Partnerin vor. Wie sah er/sie aus, als Sie geheiratet haben? In einer Situation, wo er/sie sehr traurig war? Und in einer Situation, wo Sie besonders stolz auf ihn/sie waren? Mit diesem inneren Bild Ihres Partners/Ihrer Partnerin vor Augen sagen Sie nun laut zu sich selbst: „Mein Partner/meine Partnerin ist ein menschliches Wesen. Genauso wie ich versucht er/sie das Beste, begeht manche Fehler, fühlt Schmerz und Traurigkeit – und hat tiefe Sehnsucht danach, geliebt zu werden." Senden Sie Ihrem Partner/Ihrer Partnerin an dieser Stelle liebevolle Gedanken.

Für die nächste Zeit

Nehmen Sie diese Übung in den weiteren Verlauf Ihres Übungsprogrammes auf, und zwar für jene Tage, an denen Sie einander Wertschätzungen schenken. Ziel ist es, so gut zu trainieren, dass Sie sich relativ rasch in diese meditative Stimmung versetzen können. Das wird Ihnen helfen, immer problemloser mit Ihrer inneren Eule verbunden zu bleiben, während Sie zuhören, was Ihren Partner frustriert.

Zur Erinnerung

Sie haben die Macht, neue Verbindungen in Ihrem Gehirn zu knüpfen. An einer partnerschaftlichen Ehe zu arbeiten verändert nachweislich Ihre hormonelle Situation und lässt neue, hilfreiche Neuronenverbindungen entstehen.

Erkenntnis 9 Ihre Partnerschaft ist wirklich zum Lachen

Übung Bewusst Freude hereinholen

In unserem tiefsten Wesenskern lebt die Freude. Freude entspricht unserer menschlichen Natur. Wahre Freude können wir erst im Frieden und in der Verbundenheit mit unserem Partner/unserer Partnerin finden. Sind wir allzu ernst, vertreiben wir jegliche Freude. Ein Beispiel für ein zerstörerisches Verhaltensmuster in der Partnerschaft ist die Annahme, dass mein Partner/meine Partnerin wissen müsse, was ich will, ohne dass ich es ihm/ihr sage. Zu erwarten und zu fordern, dass er/sie diese unausgesprochenen Wünsche erfüllt. Oder davon auszugehen, dass ich weiß, was mein Partner/meine Partnerin möchte, ohne ihn/sie jemals gefragt zu haben.

In Kapitel 9 eröffneten wir Ihnen verschiedene Möglichkeiten, das Licht der Erkenntnis in Ihre Partnerschaft zu bringen. Die folgende Übung, in welcher Sie mit Ihrem Partner/Ihrer Partnerin austauschen, welche liebevollen Verhaltensweisen Sie glücklich machen, ist die beste Hilfe, mit allen Vermutungen in Ihrer Partnerschaft aufzuhören.

Als Beginn

1. Schreiben Sie bitte all jene Verhaltensweisen Ihres Partners/Ihrer Partnerin auf, bei denen Sie sich besonders geliebt fühlen (siehe Liste „Liebevolle Verhaltensweisen"). Das sind Ihre geheimen Wünsche, von denen Sie meinten, dass Ihr Partner/Ihre Partnerin Sie Ihnen von den Augen ablesen kann. Darunter können auch Dinge sein, die Ihr Part-

ner/Ihre Partnerin ohnehin für Sie tut (auf diese Weise verstärken Sie das Gute und stellen sicher, dass Ihr Partner/Ihre Partnerin es Ihnen weiterhin schenkt!).

2. Hängen Sie die Aufzählung an einer Stelle auf, wo Sie sie täglich sehen können (zum Beispiel in der Nähe des Badezimmerspiegels oder auf der Kühlschranktür).

Unter dem Link www.harvillehendrix.com *finden Sie Videobeispiele und andere Tipps in englischer Sprache.*

Für die nächste Zeit

Einige der Wünsche können für Sie oder Ihren Partner/Ihre Partnerin zu schwierig erscheinen, andere nicht. Wählen Sie jene, die Ihnen machbar erscheinen oder sogar selbst Freude bereiten – und dann verwirklichen Sie sie. Es empfiehlt sich, alle paar Monate eine halbe Stunde lang mit Ihrem Partner/Ihrer Partnerin neue Punkte zu dieser Liste hinzuzufügen. Sie können sich auch in Form eines Dialoges darüber austauschen.

Zur Erinnerung

Ihr Partner, Ihre Partnerin möchte liebend gerne Ihr Held, Ihre Heldin sein. Oft genügt eine neue Erkenntnis („Das also ist es, was du dir wünschst!") und die Veränderung ist ganz leicht.

Liebevolle Verhaltensweisen

Name ______________________

Ich fühle/fühlte mich geliebt, wenn du ...

Übung Unser Versprechen erneuern

Sie haben spannende und prickelnde Vorsätze für Ihre Partnerschaft erarbeitet. Nun ist es an der Zeit, dies zu feiern! Und falls Sie nicht miteinander verheiratet sind: Vielleicht konnten die zahlreichen Vorteile der Ehe, die wir in Kapitel 10 beschrieben, Sie zu Heiratsplänen inspirieren?

Wenn Sie verheiratet sind und Ihr Eheversprechen erneuern möchten, können Sie dazu eine große Feier veranstalten (wie wir). Oder einfach zu zweit einen besonderen Ort aufsuchen, um Ihr gegenseitiges Versprechen zu erneuern oder ein neues Versprechen zu formulieren. Dort, wo Sie einander zum ersten Mal begegnet sind oder zum ersten Mal einen gemeinsamen Urlaub verbrachten – oder wo Sie schon immer hinreisen wollten. Auch der Frieden und die Geborgenheit Ihres eigenen Heims können einen passenden Rahmen bilden.

Im Wesentlichen geht es darum, innezuhalten und Ihren bisherigen und zukünftigen Weg miteinander anzuerkennen. Durch Ihre gemeinsame Arbeit haben Sie eine neue Bewusstheit erreicht, auf deren Basis Sie einander ein neues Versprechen für Ihre Partnerschaft geben können.

Als Beginn

1. Schreiben Sie auf, welches Versprechen Sie Ihrem Partner/Ihrer Partnerin heute geben können (siehe „Unser Versprechen erneuern" im Anschluss). Um es gut formulieren zu können, ist es hilfreich, über

Ihren gemeinsamen Weg zur wahren Liebe nachzudenken. Was können Sie – befreit vom Sog der romantischen Liebe und vom Machtkampf – Ihrem Partner/Ihrer Partnerin nun versprechen?

2. Wenn Sie beide fertig geschrieben haben, lesen Sie Ihrem Partner/Ihrer Partnerin Ihr neues Versprechen vor. Sie können das im Jogginganzug auf der Couch tun – oder Sie warten ein wenig und tun es im Rahmen einer Feier zur Erneuerung Ihres Ehebundes im Beisein von Familie und Freunden (oder Sie machen beides).

3. Planen Sie, wie Sie die Erneuerung Ihres (Ehe-)Versprechens und Ihre Bereitschaft, wahre Liebe zu leben, feiern könnten. Es gibt unglaublich viele Möglichkeiten:

- Sie können Ihren (Ehe-)Bund feierlich erneuern.
- Sie können die feierliche Atmosphäre „in den Wind schießen" und eine zwanglose Party begehen.
- Sie können ein romantisches Wochenende oder eine ganze Woche miteinander verbringen – eine zweite Hochzeitsreise sozusagen. Und inmitten einer blühenden Apfelplantage oder an einem romantischen Sandstrand oder ... könnten Sie Ihr Eheversprechen erneuern.
- Sie können auch etwas ganz Ungewöhnliches tun, vielleicht sogar etwas, das bisher nicht zu Ihnen zu passen schien – Fallschirmspringen beispielsweise oder eine Ballonfahrt. Oder Sie wählen etwas, das Sie beide schon seit längerem vorhatten, aber bisher noch nicht verwirklichen konnten. Harley-Davidson-Motorräder mieten und an einem Rennen teilnehmen, an einen exotischen Ort reisen, im Grand Canyon wandern oder eine Woche campen sind nur einige Beispiele hierfür.

Für die nächste Zeit

Beweisen Sie Ihrem Partner/Ihrer Partnerin, dass er/sie auf Ihr Versprechen bauen kann und nützen Sie es als Inspiration für Ihren Weg zur Partnerschaft Ihrer Träume!

Zur Erinnerung

Werden Sie selbst zu jener Veränderung, die Sie sich wünschen.

Unser Versprechen erneuern

Name ______________________________

Heutiges Datum ______________________________

Mein Versprechen an ______________________________

____

____

____

____

____

____

____

____

____

____

Fußnoten

Erkenntnis 9

1 Elizabeth Kowal, *Health & Fitness*, October 24, 2009; http://www.examiner.com/article/oxytocin-the-love-hormone-has-health-benefits-for-both-genders (4/30/2012) (Das Liebeshormon Oxytocin bringt sowohl Frauen als auch Männern gesundheitliche Vorteile)

Erkenntnis 10

1 California Healthy Marriages Coalition, "Healthy Marriages, Healthy Society: Research on the Alignment of Marital Outcomes, Marriage Education, and the Key Social Concerns", 2009; http://www/camarriage.com/content/resources/1f250f81-d24d-4937-9ce1-595464e2b6c8.pdf (9/17/12), p. 17.

2 Institute for American Values, "Why Marriage Matters, Third Edition, Thirty Conclusions from the Social Sciences", a report from a team of family scholars chaired by W. Bradford Wilcox of the University of Virginia, 2001, p. 19.

3 Tara Parker-Pope, "Is Marriage Good for Your Health?" *New York Times Magazine*, April 12, 2010; http://www.nytimes.com/2010/04/18/magazine/18marriage-t.html?_r=1&src=me&ref=general (4/30/2012).

4 Daniel J. Siegel, "Toward an Interpersonal Neurobiology of the Developing Mind: Attachment Relationships, 'Mindsight', and Neural Integration", *Infant Mental Health Journal* 22, nos. 1-2 (2001): 67-94; © Michigan Association for Infant Mental Health, p. 86.

5 Linda J. Waite and Maggie Gallagher, *The Case for Marriage* (New York: Broadway Books, 2000), pp. 124-140; Wendy Manning and K. A. Lamb, "Adolescent Well-Being in Cohabitating, Married, and Single-Parent Families", *Journal of Marriage and the Family* 55 (4) 2003, pp. 876-893.

6 California Healthy Marriages Coalition, "Healthy Marriages, Healthy Children: Research on the Alignment of Marital Outcomes, Children's Psycho-Social Development, and Marriage Education", 2009; http://camarriage.com/content/resources/3a77fa16-7f58-493c-8cad-d1f373e50b7c.pdf 16-17; Linda J. Waite and Maggie Gallagher, The Case for Marriage, p. 124.

7 Liz Weston, "Get Real: Marriage Is a Business", MSN Money, April 1, 2011; http://money.msn.com/family-money/get-real-marriage-is-a-business-weston.aspx (4/30/2012).

8 Joseph Lupton and James P. Smith, "Marriage, Assets, and Savings", *Labor and Population Program*, Working Paper Series 99-12 (November 1999), pp. 16-17.

9 Waite and Gallagher, *The Case for Marriage*, pp. 78-83.

10 Parker-Pope, "Is Marriage Good for Your Health?"

Nachwort

1 Leah Hoffman, "To Have and to Hold Onto", *Forbes*, October 7, 2006; http://forbes.com/2006/11/07/divorce-costs-legal-biz-cxlh1107legaldivorce.html (9/17/12).

2 Benjamin Scafidi, principal investigator, "The Taxpayer Costs of Divorce and Unwed Childbearing: First-Ever Estimates for the Nation and for All Fifty States", Institute for American Values, 2008; available at www.americanvalues.org, p. 20

3 North Carolina Family Policy Council, "Landmark Study Estimates Costs of Family Fragmentation", April 16, 2008; http://ncfamily.org/stories/080416s1.html.

Über die Autoren dieses Buches und die Imago-Paartherapie

Am Beginn seiner Laufbahn beeindruckte Harville Hendrix als inspirierender Prediger in Baptistengemeinden. Inzwischen blickt er auf mehr als 40 Jahre Erfahrung als Universitätsprofessor, Berater, Pädagoge, Therapeut, Ausbildner und Referent in den Bereichen Partnerschaft und Paartherapie zurück. Seine Frau Helen begann ihre berufliche Laufbahn als Lehrende an der High School eines wirtschaftlich schlecht gestellten Teiles des US-Bundesstaats Dallas, woraufhin sie begann, sich mehr und mehr für wirtschaftliche und soziale Gerechtigkeit einzusetzen. Helen ist Mitbegründerin mehrerer Organisationen und Bewegungen zur Förderung der Gleichberechtigung von Mädchen und Frauen. Als sie Harville begegnete, lernte sie auch seine Vision kennen, das Thema „gleichberechtigte Partnerschaft" wissenschaftlich zu bearbeiten. Sie verliebten sich ineinander, Helen bat Harville, ihr Mann zu werden – und jener stimmte freudig zu. Ihre Ehe entwickelte sich zur Geburtsstätte der Imago-Paartherapie.

Harville schreibt Beiträge für die *New York Times* und für *USA Today.* Darüber hinaus ist er Autor der beiden Bücher *So viel Liebe wie Du brauchst – Der Wegbegleiter für eine erfüllte Beziehung* und *Ohne Wenn und Aber – Vom Single zur Liebe fürs Leben.* Gemeinsam mit Helen brachte er weitere sieben Bücher heraus, darunter *So viel Liebe wie mein Kind braucht – Der gemeinsame Weg in ein erfülltes Leben* und *Liebe annehmen – eine Kunst?* Ihre Bücher wurden in insgesamt mehr als 32 Sprachen übersetzt und mehr als 3 Millionen Mal verkauft.

Helen und Harville leben inzwischen in New York, haben sechs Kinder, fünf Enkelkinder und eine wirklich glückliche und erfüllte Ehe.

Das Konzept der Imago-Beziehungstheorie trugen Helen und Harville bereits jahrelang in sich, als sie zu Beginn der Achtziger-Jahre des vergangenen Jahrhunderts die Imago-Paartherapie offiziell begründeten. Harvilles Auftritt in der Oprah Winfrey Show im Jahr 1988 nahm Oprah später in die Liste ihrer 20 berührendsten und folgenreichsten Sendungen auf. Sie erklärte, dass die Imago-Theorie ihre persönliche Einstellung zu Partnerschaft veränderte und eine gänzlich neue Art von Partnerschaft und Ehe ermöglichte.

Das Grundkonzept der Imago-Theorie besagt, dass unsere Liebesbeziehung zu unserem Partner sich mit Hilfe der richtigen Anleitungen, also der richtigen „Werkzeuge", zu einem sicheren, ja heiligen Raum entwickeln kann. Wenn wir diese Art von Paar-Zwischenraum erarbeiten, verwirklichen wir nicht nur die Partnerschaft unserer Träume, sondern werden auch zu reifen, gesunden und erfüllten Persönlichkeiten.

Um Paare auf diesem Weg zu unterstützen, begründeten Helen und Harville – gemeinsam mit anderen – die Non-Profit-Organisation IRI (Imago Relationships International), deren Ziel es ist, ein neues Modell von Partnerschaft und Ehe zu fördern und so einen realen Beitrag zu einer guten diesbezüglichen Entwicklung in unserer Welt zu leisten. Zurzeit absolvieren mehr als 60.000 Paare jährlich Paartherapiesitzungen bei mehr als 2.200 Imago-PaartherapeutInnen in 33 Ländern. Darüber hinaus halten Imago Professional Facilitators Vorträge über die Theorie von Imago und wenden sie in ihren jeweiligen, sehr vielfältigen Berufsfeldern an.

Und schließlich bieten sowohl Helen und Harville als auch zahlreiche andere Imago Workshop Presenter weltweit zwei- bis dreitägige Imago-Workshops für Paare und Singles an.

IGÖ
Imago Gesellschaft Österreich

Die Imago Gesellschaft Österreich besteht seit 1999 als Vereinigung von Imago-Therapeuten und –Therapeutinnen und Imago Professional Facilitators in Österreich.

Imago-Therapeuten und –Therapeutinnen sind berechtigt, Paare therapeutisch zu begleiten, Imago Professional Facilitators begleiten als BeraterInnen, um ein gutes Ergebnis in allen anderen Berufsfeldern zu erzielen, nämlich auf Basis einer guten Beziehung. Beide Gruppen helfen, die Verbindung zu stärken und Entwicklung und Wachstum zu schaffen.

Gerne schickt Ihnen die Imago Gesellschaft Österreich Informationsmaterial zu. Auch wenn Sie sich für die Ausbildung interessieren, helfen wir Ihnen gerne weiter. Bitte kontaktieren Sie uns über unsere Website www.imagoaustria.at.

Imago
Paartherapie

Imago
Professional Facilitator

Die Bücher zur Imago-Paartherapie

So viel Liebe wie Du brauchst

Der Wegbegleiter für eine erfüllte Beziehung

ist wie eine Orientierungskarte, mit deren Hilfe Paare den Weg zu einer leidenschaftlichen Partnerschaft finden können, der manchmal im Dickicht des Alltags verborgen liegt ...

288 Seiten, Paperback ISBN 978-3-902625-04-5

Ohne Wenn und Aber

Zur Liebe fürs Leben - für Singles und Paare!

Ihr Traum, einen wirklich zu Ihnen passenden Partner zu finden, ist tatsächlich erreichbar!

320 Seiten, Paperback ISBN 978-3-902625-00-7

So viel Liebe wie mein Kind braucht

Der gemeinsame Weg in ein erfülltes Leben

Bewusste Partner- und Elternschaft werden lebbar.

384 Seiten, Paperback ISBN 978-3-902625-01-4

Liebe annehmen - eine Kunst?

Mit IMAGO wird jede Partnerschaft zum Geschenk

Dieses Buch wird Ihnen die Augen öffnen sowie ganz neue Glückshorizonte zeigen ...

304 Seiten, Paperback ISBN 978-3-902625-08-3

Tammy Nelson

Der Sex meiner Träume

Mit dem Imago-Dialog zu neuer Leidenschaft

Das Buch zeigt, wie sich die erfolgreiche Imago-Beziehungstheorie und der heilende Zugang des Imago-Dialogs auch auf den Bereich der Sexualität übertragen lassen.

232 Seiten, gebunden ISBN 978-3-902625-02-1

Unsere Werke sind erhältlich im Buchhandel, direkt bei uns im Verlag und im Online-Shop

www.rgverlag.com